Jana Thiele
Wander-Woman

Jana Thiele

Wander-Woman

Eine Couch-Potato hat Rücken
und lernt laufen

ullstein extra

Ullstein extra ist ein Verlag der Ullstein Buchverlage GmbH
www.ullstein-extra.de

ISBN: 978-3-86493-008-9

Gesetzt aus der Scala, InDesign
Satz: Pinkuin Satz und Datentechnik, Berlin
Druck und Bindearbeiten: CPI – Clausen & Bosse, Leck
Printed in Germany

Inhalt

»Wandern macht anarchisch.«
Jürgen von der Wense

Wie alles begann

Ich versuche zu zelten

Mitleidig sehe ich Martin dabei zu, wie er sein Zelt aufbaut. Ein Zelt, das einen halben Monatslohn kostet, und wir sind doch bloß in Brandenburg. Wir haben sogar was zu essen dabei, Bier, jemand sammelt Holz fürs Feuer. Und Martin zupft und zerrt an seinem Zelt, als gäbe es keine Dämmerung und keine Mücken. Martin wird von uns nur zärtlich der »Camping-Hitler« genannt.

Ich habe mich breitschlagen lassen und bin mit Freunden zum Paddeln gefahren, ich bin keine 18 mehr, nicht mal 30, eher 40, und ich finde alles umständlich und unbequem. Ich belächle Martin, wegen seines komischen Vokabulars und der Besessenheit von seiner Ausrüstung. Wenn wir nicht draußen – also outdoor – sind, sondern gemütlich – indoor – zusammensitzen, Bier trinken, Skat spielen, schwadroniert er von den neuesten Leathermans. Dabei handelt es sich nicht um schwule Ledermänner, wie ich erst dachte – wir kannten uns noch nicht gut –, sondern um ein »Tool«, also ein Werkzeug, mit dem man alles Mögliche anstellen kann.

McGyver war der Titelheld einer Fernsehserie meiner Kindheit. McGyver war zum Beispiel in einer Festung mitten im südamerikanischen Dschungel gefangen, fand in seiner Hosentasche eine Büroklammer, einen Kaugummi und einen Fetzen Papier. Daraus bastelte er dann etwas, womit er aus der Festung entkam, zehn Tage Dschungelwanderung überlebte und die südamerikanischen Rebellen besiegte. Hätte McGyver einen Leatherman gehabt – also keinen schwulen Liebhaber, sondern dieses Werkzeug –, hätte es die ganze Serie nicht gegeben. Der Leatherman ist praktisch die McGyver-Antimaterie; beide zusammen in ein und derselben Realität ergeben nichts. Das glaube ich zumindest, ich habe aber in Physik auch nur bis zur Optik aufgepasst.

Nach dieser Nacht an einem brandenburgischen See bin ich mir absolut sicher, dass ich mich draußen – also outdoor – nicht mehr als unbedingt nötig aufhalten will. Ich hatte seit meiner Kindheit in keinem Zelt geschlafen, und jetzt wusste ich auch, warum. Ich wache im schönen Brandenburger Land auf, ich bin gerädert, durchgefroren, gefühlte 60 Jahre alt und habe gefühltes Rheuma in allen Knochen.

Camping-Hitler inspiziert mein »Equipment«, wie er es nennt. Mein Schlafsack ist mit einer lustigen Echse bestickt, er hat keine zwanzig Euro gekostet – klarer Fall für mich: Den musste ich haben. Martin fragt, bis zu welcher Komforttemperatur das Ding ausgelegt sei. Ich habe keine Ahnung. Ich antworte ihm: »Den gab es für 19,90.« Er schlägt entsetzt die Hände über dem Kopf zusammen.

Zum gleichen Preis habe ich mir eine Isomatte gekauft. Er inspiziert auch sie. »Die ist ja gar nicht aufgepumpt.« Ich kontere: »Aber das ist doch eine selbstaufblasende Matte.« – »Die musst du doch aber noch aufpusten!« Jetzt gucke ich ihn komisch an. Er gibt nicht auf: »Wenn du die nicht aufbläst, kannst du dich auch gleich direkt auf die Erde legen.« Er erklärt mir etwas von Luft und Isolation und Wärme. Ich erkläre ihm, dass eine selbstaufblasende Isomatte, die man *selbst* aufblasen muss, in meinen Augen ein Fall fürs Betrugsdezernat ist. Insgeheim begreife ich, warum ich nachts wie ein Schneider gefroren habe.

Seine abschätzigen Blicke auf mein Zelt hatte ich schon gestern bemerkt. Ich dachte nur, was für unsere Jungs und Mädels bei der Bundeswehr gut genug ist, kann für mich nicht schlecht sein. Ein erneuter Vortrag beginnt, diesmal über die Luft im Allgemeinen und ihre besondere Rolle bei der Be- und Entlüftung eines Zelts, untermauert von einem praktischen Beispiel, wie das Kondenswasser ein Zelt über Nacht in eine triefnasse Höhle verwandeln kann – meins nämlich.

Das Resümee meines kurzen Campingausfluges liegt auf der Hand: Outdoor ist nichts für mich. Nach Erde kann ich auch noch riechen, wenn ich tot bin.

Ich werde gebrechlich

Einen Tag vor Weihnachten sitze ich im Büro, wie immer ist es stressig, alle wollen alles schnell »noch im alten Jahr« erledigen. Es muss wohl ein Fluch auf dem neuen Jahr liegen, dass man in ihm nichts mehr erledigen kann. Weihnachtskarten müssen an Hunderte Kunden verschickt werden, einige bekommen Präsente von der Firma, und auch die Geschenke für die Familie muss ich noch besorgen. Ich sitze auf meinem Bürostuhl, habe ein

Tuch um meine Leibesmitte gewickelt, denn in meinem Rücken wütet ein stechender Schmerz. Das Einzige, was mir jetzt noch fehlt, ist ein Gang zum Arzt.

Irgendwann halte ich es nicht mehr aus und laufe zum erstbesten Schmerztherapeuten, den ich in der praxenreichen Gegend meines Büros finden kann. Der Spezialist knetet an mir herum, zieht hier, drückt da, »tut's hier weh oder dort?«. Ich beschreibe ihm genau, wo es sticht. Er findet heraus, dass es die Niere ist. Oh, denke ich, die Niere. Wenn die weh tut, ist es zu spät. Krebs zu Weihnachten. Na danke, Gott.

Ich gehe zu einem Internisten, ich habe einen Tunnelblick, mein Leben läuft vor mir ab, es soll dieses Weihnachten also schon vorbei sein. Der Internist tastet weiter, »Ja, da, wo es Ihnen weh tut, sitzt die Niere.« Ich pinkle in einen Becher. Ich schiebe den Becher durch eine Luke. Ich warte. Ich muss erneut in den Behandlungsraum zum Ultraschall. Kalter Glibber auf meinem Rücken. »Sie haben ein Paar wunderschöner Nieren«, sagt der Internist zum weiß-krisseligen Bildschirm. Ich kann nix erkennen. Die Urinprobe ergibt auch nichts, noch nicht mal eine Entzündung. Und woher kommen dann bitte die Schmerzen? »Das kann nur die Wirbelsäule sein, da müssen Sie noch mal zum Orthopäden.« Weihnachten. Ich lege mich hin bis Neujahr. Irgendwann lassen die Schmerzen nach. Im neuen Jahr gehe ich wieder ins Büro. Ich vergesse die Schmerzen.

So vergehen fast zwei Monate, bis eines Tages mein Knie dick angeschwollen ist, ich kann nicht mehr richtig laufen, nur unter Schmerzen. Die Untersuchungen ergeben einen Meniskusriss. Der Riss kommt aus heiterem

Himmel, ich hatte mich nicht schuldig gemacht, ich hatte keinen kniegelenkbelastenden Sport getrieben. »Da reicht schon eine falsche Bewegung«, erklärt der Orthopäde mir fassungslosem Laien. Eigentlich vermeide ich jede Bewegung, erst recht »falsche«, mit dem Resultat, dass ich in den letzten sieben Jahren 25 Kilo zugelegt habe. Ich sitze brav an meinem Schreibtisch, erledige meine Arbeit und treibe nach Feierabend auf gar keinen Fall Sport. Ich stelle mir bloß immer meine Ahnenreihe mütterlicherseits als scherenschnittartige Silhouette vor – Urgroßmutter, Großmutter und Mutter im Profil –, trete in ihren Schatten und wachse dickbäuchig in ihre Umrisse hinein.

Obwohl ich sonst faules Herumliegen durchaus genieße, weckt die verordnete Bewegungslosigkeit in mir das unwiderstehliche Verlangen, mich wieder frei bewegen zu können. Ich finde mich in Outdoor-Magazinen blätternd wieder. Ich entdecke den Reiseautor Bill Bryson, der in einem Selbstversuch einen der längsten Weitwanderwege der Erde, den Appalachian Trail durch das ostamerikanische Gebirge, die Appalachen, ausprobierte. Ich stelle im Internet Erkundigungen über diesen sagenhaften Appalachian Trail an. Ich mache mir Notizen, ich lese Erfahrungsberichte sogenannter Thru-hiker, also Wanderer, die sich die ganze Distanz am Stück gegeben haben. Ich habe große Mühe, zu Hause überhaupt die Treppe runterzukommen. Ansonsten umfasst mein täglicher Fußweg von der Arbeit und zurück, vielleicht noch einmal zum Einkaufen, zwei bis drei Kilometer. Der Appalachian Trail hat eine Gesamtlänge von ca. 3500 Kilometern. Und traditionellerweise geht man ihn eben zu Fuß. In einem kurzen, klaren Moment erkenne ich, dass ich wohl etwas überreagiere. Ich war noch nie in meinem Leben wandern, bloß einmal im Jahr bei den schulischen »Wandertagen«, und die liegen 30 Jahre zurück.

Als meine Appalachian-Trail-Phase vorbei ist – sie dauert ein paar Wochen und über die Genesung des Knieschadens hinaus an –, beginne ich mich aus unerfindlichen Gründen auf einmal für Berge zu interessieren. Und ich fange nicht mit irgendeinem Berg an. Die Geschichte des Mount Everest, seiner Erstbesteigung, packt mich. Bald habe ich alle Fotos von Sir Edmund Hillary und seinem nepalesischen Helfer Tenzing Norgay im Internet angeschaut. Ich selbst kann mich nur dunkel erinnern, überhaupt jemals auf einem Berg gewesen zu sein. In Frage kommen der Brocken, der Fichtelberg und die Schneekoppe, die Zeit der Besteigung kann man getrost meiner Kindheit und Jugend zurechnen. Nun also das. Wer Mount Everest sagt, muss auch Nanga Parbat sagen, und ich sehe mir den Film eines Herrn Vilsmaier über einen gewissen Herrn Messner und sein Schicksal an diesem Berg an. Ich erfreue mich an den Panoramabergbildern, aber was für eine total bekloppte Spezies ist eigentlich der Mensch?

Nach zwei Wochen Ruhe kann ich wieder ganz vernünftig gehen, es ist keine OP nötig, nichts weiter als eine stützende Bandage über dem Knie erinnert mich an die Zeit der verordneten Bewegungslosigkeit. Doch ich habe mich festgelesen: Das nächste Buch, das ich finde, ist Jon Krakauers Bericht über einen jungen Mann, der nach dem College-Abschluss durch Amerika trampte und aus diesem großen sein letztes Abenteuer machte, weil er, kurz vorm Verhungern, irrtümlicherweise giftige Pflanzen aß. Das Buch heißt *Into the Wild* und zerreißt mir das Herz, weil der Junge am Ende stirbt. Ich sehe mir auch den Film an, der damit endet, dass der junge Mann unerwarteterweise ebenfalls stirbt, was mir noch einmal das Herz zerreißt.

Von dort ist es nicht weit zu einem Mann, der im Nordosten Amerikas eine Blockhütte baute, gute zwei Jahre in ihr lebte und das berühmte Buch *Walden* darüber schrieb. Sein Name ist Henry David Thoreau und bevor er auch nur ein einziges Brett zurechtgesägt hat, unterhält er mich mit heiteren Erkenntnissen über die Welt, in der er lebte. In seinem Fall sind das die USA in der Mitte des 19. Jahrhunderts. Er missbilligte Dinge wie Arbeit, Besitz und Entfremdung, wenn ich ihn richtig verstanden habe. In den USA gilt praktisch der Mann selbst als Wallfahrtsort und seine Hütte baute man gleich mehrmals neu auf, um die Wallfahrtsorte zu vermehren. Seine kapitalismuslästerlichen Ansichten gleicht er mit minutiösen Berechnungen und Listen über die Ausgaben für Nägel, Bretter und zugekaufte Lebensmittel aus. Dennoch scheinen seine Ansichten keineswegs der staatlichen Denkmalwürdigkeit zu widersprechen. Aufgrund seiner nationalen Bedeutung finanzierte sein Land ihm sogar eine Ausgabe seiner Schriften inklusive Internetplattform. Das ist ungewöhnlich für einen Mann, der in seiner zweitberühmtesten Schrift zum zivilen Ungehorsam (das bedeutet: keine Steuern zahlen) gegen den Staat (der einen ungerechten Krieg führt) aufruft. Der Mann ist mir sympathisch, und ich nehme mir vor, eines Tages eine seiner Hütten zu besuchen. Selbst will ich mir nun keine Blockhütte bauen, aber das Leben draußen, irgendwo im Wald, fasziniert mich trotzdem.

Für den Anfang muss es aber reichen, dass ich mit Freunden übers Wochenende eine Jagdhütte miete. An einem kalten Februartag fahren wir los. Die Jagdhütte, tatsächlich eine Blockhütte ohne Strom und Wasser, liegt in einem Wäldchen in der Nähe der Elbe. Seit Wochen liegt derselbe Schnee, langsam taut die Oberfläche, nachts gefriert alles wieder, und auf sämtlichen Wegen hat sich eine feste Schneeschicht gebildet, die bei Sonneneinstrahlung zu einer Eisschicht mit feinem Wasserfilm darüber gefriert. Wir unternehmen eine Wanderung auf diesem Untergrund, sechzehn Kilometer, mit einer langen gemütlichen Mittagspause in einem Restaurant, in dem es Wasser und Strom gibt. Der Rückweg fällt mir schon sehr viel schwerer, der spiegelglatte Boden macht mir zu schaffen. In der Hütte angekommen, lege ich mich erst mal hin und trinke Tee mit Rum. Da wir nur das Wochenende haben, müssen wir bald zurückfahren. So weit alles normal.

Am Sonntagabend komme ich also von dem Ausflug zurück, will rasch die Wäsche in die Maschine werfen, bücke mich und es macht »peng«. Ich kann mich nicht mehr aufrichten, robbe auf allen vieren heulend vor Schmerz durch die Wohnung und versuche, das Handy auf meinem Tisch zu erreichen, um Hilfe zu rufen. Kaum sind fünf Stunden vergangen, kommt ein Dr. Baschqir vom ärztlichen Notdienst mit großer Tasche zur Tür herein. »Warum liege auf Bode?«, fragt er streng mit noch strengerem Akzent. »Weil ich mich nicht bewegen kann, Doktor.« Er gibt mir eine Spritze, schreibt »ISG-Blockade« auf ein gelbes Formular, kassiert noch zehn Euro und verschwindet wieder, nicht ohne mir den abschließenden Rat zu geben, so schnell wie möglich zu einem Arzt zu gehen. Was war *er* noch mal von Beruf?

Die Schmerzen werden nicht weniger, ich rufe den

Notarzt, der im Unterschied zum ärztlichen Notdienst nur zehn Minuten braucht. Aber dann: Zwei Typen von der Berliner Feuerwehr kommen herein und begutachten mich. »Dit is keen Notfall«, befinden sie. »Hä?«, artikuliere ich panisch mit allen mir in meinem Schmerzwahn zur Verfügung stehenden rhetorischen Mitteln. »Sie sind nicht in Lebensjefahr«, erläutern mir die Feuerwehrjungs schlicht und verschwinden wieder.

Es dämmert, natürlich schlafe ich nicht ein, sondern warte, dass es acht Uhr wird. Der Zufall will es nämlich, dass in dem Neubau direkt nebenan ein orthopädisches Versorgungszentrum eröffnet hat – nicht weniger als fünf Orthopäden praktizieren dort. Ich rufe also gleich morgens an und frage, ob ein Arzt herüberkommen könne. »Nein, wir machen generell keine Hausbesuche, Sie müssen selbst bei uns herumkommen.« – »Sehen Sie, Schwester, und genau darin liegt das Problem: Ich kann mich nicht bewegen.« – »Dann müssen Sie sich einen Krankentransport bestellen.« Ich werfe ein, dass ich direkt nebenan wohne. Es sei dennoch ganz und gar unmöglich, dass sich ein Arzt ins Nachbarhaus bewege, »schon aus versicherungstechnischen Gründen, das müssen Sie verstehen«.

Der zweite Arzt, den mir der ärztliche Notdienst schickt, diesmal nur zwei Stunden nach dem Anruf, spritzt mir das richtige Zeug, irgendwas mit Morphin. Ich bitte eine Freundin, mir zu helfen. Halb trägt, halb stützt sie mich die Treppe hinunter, denn es ist nicht leicht, sich gemeinsam vorwärts zu bewegen, wenn einer seinen Oberkörper nur im 90-Grad-Winkel halten kann. Einer der im Nachbarhaus niedergelassenen Ärzte gibt mir weitere Spritzen gegen die Schmerzen, macht ein Röntgenbild, betrachtet es und meint, er könne da nicht viel erkennen, ich solle ein MRT machen lassen. Im neuen Ärztehaus gibt es natürlich ein entsprechendes Gerät, aber keinen Termin bis drei Wochen später. Ich telefoniere die Berliner Krankenhäuser durch und bekomme am übernächsten Morgen um 6:45 Uhr einen Termin in einem Krankenhaus am Stadtrand. Der MRT-Assistent schnallt mich auf eine Art Bahre, zuppelt hier und prüft da und fragt mich: »Nun, warum sollen wir denn Bilder von Ihrem Kopf machen?« Ich erwidere: »Gut, dass Sie fragen, ich bin wegen meines Rückens hier.« Genervt entfernt der junge Mann sämtliche Stützpolster und Gurte wieder von meinem Körper und befiehlt: »Andersrum hinlegen.« Zwei unendlich lange Tage und Nächte später weiß ich: Es ist ein Bandscheibenvorfall, mich hat es erwischt.

Ich liege im Bett, auf dem Rücken. Das ist die einzige Position, die ich halbwegs schmerzfrei einnehmen kann. Anfangs muss mir jemand den Hintern abwischen, weil ich das nicht allein schaffe. Alles ist unendlich mühsam, dieser Zustand dauert Wochen an, jede Bewegung verursacht Schmerzen. Über die Behandlungszeit verabreichen mir die Ärzte insgesamt vierzehn verschiedene Schmerzmittel und Muskelrelaxantien per Spritzen, oral und zum Schluss über den Tropf. Nichts hilft, mein Rücken bleibt hart wie Stein. Stellen Sie sich einen Wadenkrampf vor, den multiplizieren Sie mit fünfunddreißig und verteilen ihn schön vom Allerwertesten bis zum Hals. Dazu hat man Ihnen noch eine eiserne Rüstung angelegt, die Ihren Körper mit exakt einem halben Zentimeter Abstand umgibt, und in diesem Zwischenraum befindet sich ein Wespenvolk, das munter drauflossticht. So ungefähr fühlt es sich an, wenn ich von meinem Bett aufstehe und zum Klo gehe.

Nachdem ich monatelang von einem Arzt zum nächsten gekrochen war, diverse Rudel Physiotherapeutinnen sich über mich hergemacht haben, ich vor Schmerz halb wahnsinnig geworden war und mein gekürztes Krankengeld zu Heilpraktikern und Handauflegern geschleppt habe, besitze ich Gewissheit: Der Schmerz hat sich chronifiziert. Er hat sich seinen Weg gemerkt, und ich muss ihn wieder davon abbringen. Ich kann nicht länger als eine halbe Stunde herumlaufen, und auch das gelingt nie ohne Schmerzen. Ich stelle den Antrag auf eine Kur. Das Ganze wird mit vollem Rentenkassen-Speed bearbeitet. Ich warte vier Wochen, bis man mir mitteilt, dass ich in drei Monaten eine Kur antreten dürfe. Ich telefoniere mit jeder Kurklinik, die meine Diagnose behandeln könnte und die meine Rentenkasse bezahlen würde. Es gibt keine freien Betten. Wäre ich alt oder arbeitslos, ginge es schneller, weil Kuren für Rentner und Arbeitslose von den zuständigen Krankenkassen bezahlt werden, die anscheinend mehr Betten im Kontingent haben.

Wochenlang habe ich mir die Schreckensbilder einer Frührente ausgemalt. Wie sollte ich unter diesen Schmerzen je wieder arbeiten können? Jetzt wünsche ich mir, Rentnerin zu sein. Mit der Stimme von Amy Winehouse im Kopf, die davon singt, dass sie jetzt *doch* zur Rehab, yes, yes, yes, will, wende ich mich noch einmal an meinen Nachbarhausorthopäden. Ich schildere ihm die Situation und er drückt mir endlich einen Zettel in die Hand, auf dem »Notfalleinweisung« steht. Das Resultat: Ich muss nur noch einen Monat auf die Kur warten. Ich liege also weitere vier Wochen im Bett. Ein ambulanter Reha-Platz war ebenfalls nicht aufzutreiben, den wiederum zahlt meine Krankenkasse, die theoretisch dafür zuständig gewesen wäre, nämlich nicht. Lieber blättert sie einen weiteren Monat mein Krankengeld hin.

Inzwischen nehme ich fast keine Schmerzmittel mehr ein. Denn einen Monat zuvor hatte es einen Zwischenfall gegeben. Ich versuchte, verkürzt mit dem »Hamburger Modell« zu arbeiten, das es einem erlaubt, nur zwei Stunden am Tag zu arbeiten. Dafür ließ ich mir an jenem Morgen im benachbarten Ärztehaus mehrere Spritzen setzen, damit ich wenigstens die zwei Stunden Arbeit durchhielt. Mir war schummerig, es war auch ein sehr heißer Tag und ich schob das Ganze auf meinen Kreislauf. Meine Wahrnehmung wurde immer verwaschener, ich taumelte an der Warteschlange vorbei und setzte mich in das Behandlungszimmer. Der Arzt maß meinen Blutdruck, 139 zu 98, der sei ein bisschen zu hoch, ich solle mal nach Hause gehen. Ich wollte gerade wieder zur Tür hinauswanken, da kam mir eine Schwester hinterhergelaufen und bugsierte mich in eine Art Ruheraum: klein, dunkel, eine Krankenliege an der Wand. Die Schwester sagte, ich solle mich hinlegen, und schob mir einen großen Schaumstoffquader unter die Knie.

Ich lag in dem dunklen, kleinen Raum auf der Liege, als nach ein paar Minuten die Schwester erneut hereinkam und noch einmal meinen Blutdruck maß: 150 zu 100. Sie rief den einzigen Arzt in der Praxis, den ich noch nie zu Gesicht bekommen hatte, weil er nur Privatpatienten behandelt, der wechselte ein paar Worte mit mir und bestellte einen Krankenwagen. Weitere Minuten vergingen, mein Blutdruck stieg unaufhörlich und während ich nur noch schemenhaft bemerkte, dass sich sämtliche Ärzte und Schwestern der Praxis in das kleine Zimmer drängten und sich vor der Tür schon eine Traube Patienten gebildet hatte, hörte ich »meinen« Arzt deutlich sagen, »So, Schwester Annika – lassen Sie Schwester Annika mal bitte durch! –, hier sehen Sie einen anaphylaktischen Schock in der Praxis, den kennen Sie schon aus dem Lehrbuch. Was sind die Symptome des anaphylaktischen Schocks, Schwester Annika?« Und während Schwester Annika in ihrem Gedächtnis grub, was sie darüber in einer langweiligen Unterrichtsstunde gehört hatte, bedeckten sich mein Hals und mein Gesicht mit großen roten Quaddeln, was ich selbst in dem Moment nicht spürte, den Doktor aber dankenswerterweise von der Kreislaufschwäche-wegen-Hitze-Theorie abbrachte.

Der Krankenwagen wurde abbestellt und der Notdienst gerufen, nach wenigen Minuten war der Zugang zum Zimmer frei, denn die Ärzte und Schwestern machten Platz für die Feuerwehrjungs und eine Frau, die in großen leuchtenden Lettern NOTARZT auf ihrem Rücken stehen hatte. Sie schloss mich an eine tragbare Maschine an, die meine Vitalfunktionen überwachte. Mein Blutdruck hatte derweil lässig die 200er Marke geknackt. Sie stach mir in die Hand und baute mir eine Flexüle daran, durch die ab sofort Flüssigkeit aus einem Tropf in mich hineinträufelte. Ich war fast gänzlich weggetreten, aber immer noch ansprechbar. Die Feuerwehrjungs verfrachteten mich mit großem Gewese auf die Straße, ich war auf einem Sitz festgeschnallt, der Tropf wurde an einem Ständer hinterhergetragen, sie luden mich in das Rettungsauto, das vor der Tür wartete, und brachten mich mit Blaulicht ins nächste Krankenhaus.

Dort wurde ich in einen Raum auf der Rettungsstation verlegt. Das Zeug aus dem Tropf wirkte und ich fühlte mich schon viel weniger benebelt. Als der Tropf fast leer war, wurde ich auf eine Liege gepackt und an ein EKG angeschlossen. Nach einer guten halben Stunde hatten sich alle meine Werte weitgehend normalisiert.

Nachdem mir eine Krankenschwester zehn Euro abgenommen hatte, blieb ich allein in dem Raum zurück. Irgendwann stand ich auf, den Tropfständer neben mir herziehend. Kein Mensch hatte mir etwas zu meinem Zustand erklärt, und ich versuchte, irgendwo auf dem Flur einen Ansprechpartner zu finden. Vor allem diese Flexüle machte mir zu schaffen. Der Tropf war längst leer und durch den entstandenen Unterdruck machte sich jetzt mein Blut durch den Schlauch in Richtung Tropf auf den Weg. Ich entdeckte auf dem Flur gegenüber eine angelehnte Tür, folgte der Stimme, aber dann schlug mir eine Frau in Kliniktracht die Tür vor der Nase zu. Also schlurfte ich zurück in meinen Raum und wartete. Nach gefühlter Unendlichkeit kam jemand und zog das Ding aus meiner Hand: »Sie können jetzt gehen.« Zum Glück hatte ich ein paar Euro übrig und mein Handy in der Tasche und rief mir ein Taxi.

Zu Hause angekommen, hämmerte ich zuallererst »anaphylaktischer Schock« in meine PC-Tastatur. Und erfuhr von Google: eine allergische Reaktion, die im schlimmsten Fall zum Tode führen kann, weil das Herz-Kreislauf-System zusammenbricht. Mir wurde noch einmal ziemlich schummerig. Offenbar war ich haarscharf einem Kreislaufkollaps entkommen. Wenn die Schwester mich nicht im Gang der Arztpraxis zurückgepfiffen hätte, wäre ich nach Hause gewankt und dort schön allein kollabiert. Darum also keine Schmerzmittel mehr. Dafür ein etwas anderes Hilfsmittel ...

Noch während ich auf die Kur warte, bekomme ich als unterstützende Maßnahme ein Rezept über ein Korsett verschrieben, darauf steht: Lumbotrain-Bandage. Die Kosten für die *meisten* orthopädischen Hilfsmittel werden in den *häufigsten* Fällen von der Krankenkasse übernommen, steht im Internet. Frohgemut schleiche ich also, immer noch gekrümmt, mit meinem Rezept zur Apotheke. Die Apothekerin sieht auf das Rezept und zieht die Mundwinkel nach unten. Nanu, denke ich, sollten nicht gerade Apothekerinnen darin geschult und ausgebildet sein, selbst bei Rezepten für die widerlichsten Haut- und Geschlechtskrankheiten weder Mund noch Augenbrauen zu verziehen? Was ist denn so ekelhaft an einer Lumbotrain-Bandage? Als ich sicherheitshalber leise nachfrage, speit sie mir entgegen, dass sie just in diesem Monat den Knebelvertrag mit meiner Krankenkasse gekündigt habe. Ich verstehe gar nichts. Ich bin Mitglied und Beitragszahlerin bei Deutschlands zweitgrößter Krankenkasse und ich will mein Rezept in einer Apotheke einlösen, weil man das nun mal so macht. Ich will nichts hören über prozentuale Anteile oder Abrechnungsmodule, ich will für das ganze Geld, das ich monatlich zahle, dass das System funktioniert, wenn ich krank bin.

Ich gehe, so gut ich eben kann, die Geschäftsstraße weiter hinunter, schließlich gibt es eine Apotheke an jeder Ecke. Nachdem ich mir in der fünften Apotheke zum fünften Mal den Satz mit dem Knebelvertrag angehört habe, bin ich fix und fertig, ich kann nicht mehr laufen. Ich spiele mit dem Gedanken, mich mit Hilfe von Drogen, die mir weitaus leichter zu beschaffen erscheinen, von den Schmerzen zu befreien. Meine Wohnung liegt nicht nur unmittelbar an einer der meistfrequentierten Einkaufsstraßen Westberlins, sondern auch direkt am meistfrequentierten Dealer-Treffpunkt westlich des Kottbusser Tors. Ich musste auf dem Weg zum Arzt und zu den Apotheken beide Augen zumachen, Scheuklappen aufsetzen und meine innere Haltung stärken, um mir nicht wenigstens einen Probeschuss Heroin zur Schmerzlinderung zu besorgen.

Schließlich lande ich vor einem Sanitätshaus, das in seinem Schaufenster die neueste Kollektion Stützstrümpfe ausstellt. Ich empfinde die jugendlich-schlanken Schaufensterpuppen, die mich mit langen Wimpern hinter Glas ansehen, dazu eine Beinmanschette tragen und sich auf Krücken stützen, irgendwie pervers. Aber es scheint auch hier Grenzen zu geben, zumindest ist mir noch nie eine Schaufensterpuppe im Rollstuhl begegnet, die eine dicke Inkontinenz-Windel trägt und für wasserfeste Gummibetteinlagen wirbt. Dieses Sanitätshaus jedenfalls hat einen Vertrag mit meiner Krankenkasse und als ich das Geschäft wieder verlasse, nenne ich eine Lumbotrain-Bandage von der traditionsreichen Firma Bauerfeind mein eigen. Sie ähnelt einem breiten Gummigürtel, wie der, den ich als Teenie in den achtziger Jahren getragen habe, als ich noch eine Taille besaß. Heute habe ich keine mehr und die Frau im Sanitätshaus greift gleich zur richtigen Größe. Vorn verschließt man das Ding mit einem Klettverschluss. Zunächst fühle ich mich eingeengt, aber schon nach einem Tag gewöhne ich mich daran und kann damit tatsächlich viel besser aufrecht laufen.

Wikipedia sagt, dass eine Ursache, die das Vorfallen der Bandscheiben begünstigt, der aufrechte Gang des Menschen sei. Nun lässt dieser sich in den meisten Alltags- und Berufssituationen schlecht vermeiden. Das Kriechen auf allen vieren bei angespannter Bauchmuskulatur ist wahrscheinlich rückenfreundlich, aber selbst *mein* Chef wird skeptisch, wenn ich plötzlich auf allen vieren in sein Büro gekrochen komme. Die anfängliche Freude darüber, dass ich nun endlich meinen Platz in der Gesellschaft gefunden zu haben scheine, würde sicherlich gleich der Sorge darüber weichen, was die eintreffenden Kunden wohl bei meinem Anblick denken könnten. Sie kennen sicher diese Graphik: Auf einer Zeitleiste bewegt sich von links nach rechts der Mensch in seinen unterschiedlichen Entwicklungsstadien. Am linken Rand läuft der affenähnliche Vorfahr noch gebückt, die Beutekeule schleift lässig auf der Erde, in der Mitte geht ein halbaufgerichteter, immer noch ordentlich behaarter Menschenähnlicher durchs Bild, während rechts ein unbehaartes, stolz aufgerichtetes Wesen mit geradem Blick in eine strahlende Zukunft hinein- und aus dem Bild herausläuft. Wenn man einen Bandscheibenvorfall im Lendenwirbelbereich hat, fängt man evolutionstechnisch gesehen wieder von links an. Es dauert dann nicht ein paar zehntausend Jahre, aber immer noch qualvolle Wochen, bis man sich zum mittleren Bild, dem einigermaßen aufrecht Gehenden, vorgearbeitet hat. Positiv ist dabei zu vermerken, dass einem wenigstens nicht wieder ein Fell wächst.

Im *Spiegel* stand, dass das mit dem aufrechten Gang
Blödsinn sei, vielmehr sei das Gegenteil wahr: Der Mensch
sei für einen täglichen 30-Kilometer-Marsch in der Savan-
ne angelegt, und da den die wenigsten von uns durchführ-
ten, sei bei den meisten Menschen die Rückenmuskulatur
böse verkümmert, was letztendlich die Schmerzen ver-
ursache. Es könne aber auch sein, dass der Stress im Job
schuld sei und überhaupt fange der Schmerz im Kopf an
und so weiter. Ich wundere mich über die dunklen Mächte
des Schicksals, als ich den Wikipedia-Artikel weiterlese:
»Übergewicht ist eher kein Risikofaktor, denn dicke Per-
sonen neigen aufgrund des Bauchgewichts zu einer aus-
geprägten Nach-vorn-Wölbung der Lendenwirbelsäule,
die Bandscheibenvorfälle verhindert.« Also, bei mir wölbt
sich einiges nach vorn, eigentlich hätte ich damit auf der
sicheren Seite sein müssen, denke ich noch, als ich weiterlese: »Das durchschnittliche Erkrankungsalter liegt bei
40 Jahren, die am häufigsten betroffenen Wirbel liegen
im Lendenbereich.« Na, das ist wiederum ein Volltreffer,
ich bin 40 und meine Problemzone hört auf den Namen
LW 4 und LW 5. Statistisch gesehen wahrscheinlich die
Nummer eins unter den Vorfällen.

Bekannte haben mir eine Klinik empfohlen, die sich
ausschließlich mit Rückenkranken beschäftigt. Bevor ich
zur Kur fahre, suche ich meine inzwischen recht umfang-
reiche Krankenakte zusammen, alle Befunde, alle Bilder,
und beschließe, meine Kasse Kasse sein zu lassen und
um eine Privataudienz zu bitten. Nachdem ich am Telefon
gleich beichte, dass ich Selbstzahler bin, lässt die Dame
am anderen Ende nicht etwa den Spruch los, den ich von
allen bisherigen Behandlungstresen kenne: »Ja, äh, in

drei Wochen hätten wir eventuell etwas frei«, sondern sie fragt mich, ob ich zum Chef möchte. Klar, erwidere ich. Schüchtern schiebe ich noch die Frage nach den Kosten hinterher. Etwa 50 Euro pro Viertelstunde. Klar, sage ich wieder. Die Frau am anderen Ende der Leitung hat sogar die Worte »sofort«, »bitte« und »danke« in ihrem aktiven Sprachwortschatz zur Verfügung! So fühlt sich das also an, ernst genommen zu werden. Mein Termin ist schon zwei Tage später, um halb elf Uhr vormittags.

Nachdem ich keine Minute im Wartezimmer verbracht habe, nimmt mich Prof. Dr. von Schweinitz in seine Obhut. Er studiert kurz meine Akte, die Bilder, und fragt mich, was er für mich tun könne. Ich bitte ihn um seinen ehrlichen Rat, wie ich diese Kur nutzen und ob ich mich operieren lassen solle. Wie das nun weiterginge und ob es jemals wieder so wie vorher werden würde. Zu meiner Überraschung gibt er mir auf alle meine Fragen eine klare Antwort. Ich solle in der Kur so viel wie irgend möglich mitnehmen. Auch wenn ich mich kaum bewegen könne, solle ich alle Bewegungskurse mitmachen. Ich solle Geduld haben, sehr viel Geduld, und ganz so wie früher würde es nicht wieder werden. Vor allem aber solle ich mich auf keinen Fall operieren lassen. Abnehmen könne auch nicht schaden, sagt er mit einem Seitenblick auf mich, als ich mich wieder anziehe. »Das ist aber nicht ursächlich.« Er macht eine kurze Pause und feixt dann über beide Wangen: »Sehen Sie mich an! Ich liebe nun mal das Bier.« Er streicht sich kurz über seine nicht unerhebliche Wampe, die sich unter dem Polohemd abzeichnet: »Das bekommen Sie alles auch noch schriftlich.«

Bei der Verabschiedung beugt er sich zu mir vor: »Aber

wenn Sie jetzt noch einen privaten Rat von mir wollen« – Prof. Dr. von Schweinitz skizziert kurz seine eigene Krankengeschichte –, »gehen Sie wandern!« Seine Äuglein blitzen mich an und er strahlt über sein ganzes rosiges Gesicht: »Mich hat das gerettet. Sie können natürlich auch schwimmen, was immer an sportlicher Aktivität Sie in Ihren Alltag einbauen können, ist gut. Aber ich sage Ihnen, das Wandern wird Ihren Rücken kräftigen und Sie werden keine Probleme mehr haben. Übertreiben Sie es aber nicht.«

Ich, übertreiben? Ich schmunzele, als ich zum U-Bahnhof zurückschleiche, es sind ganze 200 Meter bis dahin. Wie soll ich denn wandern gehen? Und doch verlasse ich zum ersten Mal eine Arztpraxis voller Zuversicht.

Ich gehe zur Kur

Das Gefühl, mein Körper sei in der Mitte durchgebrochen, hat sich noch nicht vollständig gelegt, als ich endlich die Kur antrete. Ich kann mich nur sehr langsam fortbewegen, für den Weg von der Kurklinik ins Zentrum des kleinen Orts, an dessen Rand die Klinik liegt, brauche ich eine Stunde. Die Strecke beträgt ungefähr einen Kilometer und ich bin jedes Mal schweißgebadet, wenn ich den Weg bewältigt habe. Meine Beine zittern, die permanenten Korrekturversuche der Rückenmuskulatur, die Schwachstellen meines Rückgrats auszugleichen, tun ihr Übriges zu meinem jämmerlichen Zustand.

Die Klinik ist auf Orthopädie spezialisiert und Leute ohne Rollstuhl, Krücken oder Gehhilfen werden schräg von der Seite angesehen. Wir gelten als Simulanten. Wir können zwar nicht *richtig* laufen, aber immerhin können wir überhaupt laufen. Ich muss höllisch aufpassen, dass ich niemanden mit Krücken anrempele. Viele sind nicht an den Umgang mit ihnen gewöhnt und so hört man ständig irgendwo knallend eine Krücke auf den Boden fallen. Ich kann mich unmöglich bücken und ziehe mir die Verachtung der Betroffenen zu, während ich »Bandscheibe« murmele und versuche, so schnell wie möglich aus ihrem Sichtfeld zu verschwinden.

An einem Sechsertisch in einem riesigen Speisesaal hat man täglich seine drei Mahlzeiten einzunehmen. Auf kleinen Kärtchen stehen die Namen, ich teile mit zwei Hüften, zwei Bandscheiben und einem Knie den Tisch. Die Gebrechen merkt man sich vor den Namen. Damit ist mein Tisch repräsentativ, denn das Gros der Patienten hier hat Hüfte, Rücken oder Knie. Es gibt noch einige wenige Handgelenke und die ganz jungen Leute haben normalerweise Motorrad. Mit meinen zarten 40 bin ich das Nesthäkchen in unserer Tischrunde.

In der Rückenschule lernen wir alles Altbekannte neu: wie man richtig sitzt, wie man richtig hebt, wie man sich richtig hinlegt, wie man richtig aufsteht, wie man sich richtig die Zähne putzt. Das alles haben wir alle, die wir auf bunten Pezzi-Gymnastikbällen im Kreis in einer Turnhalle sitzen, bisher falsch gemacht. Unsere Trainerin ist klein, drahtig-muskulös und hat vom andauernden Nordic Walking ganz stramme Unterschenkel. Wir Umsitzenden haben meist selbst eher die Statur von Pezzi-Bällen. Das richtige Stehen, Gehen und Sitzen, das richtige Aufstehen und Hinlegen verlangt uns alles ab und bald sind wir schwitzende Pezzi-Bälle. Danach geht es ins »Bewegungsbad«: Aqua-Walking. Wir ziehen so im Wasser unsere Kreise, begleitet von den scheppernden, fetzigen Klängen aus einem Ghettoblaster. Um uns herum riecht es nach Schweiß und Alter. Am schlimmsten sind die Parfümierten, ihr Rossmann-Duft vermischt sich mit der Chlorwolke über dem Wasser zu einem die Sinne betäubenden Geruch. Die Leute, die einfach nur nach Schweiß riechen oder nach Alter, sind dagegen fast erträglich. Es werden Gerätschaften für die Übungen ausgeteilt, und nach fünf Minuten haben die Männer in der Gruppe endlich alle denkbaren Witze über die »Schwimmnudeln« gerissen. Das sind die einzigen Minuten, in denen ich mich nach einer streng islamischen Gesellschaft sehne, in der selbstverständlich Geschlechtertrennung beim Baden herrscht. Trotz allem tut die Bewegung im Wasser richtig gut, ich kann es spüren, es ist anstrengend, aber die Muskeln dehnen sich, bewegen sich, alles kommt wieder in Fluss.

In der Rückengymnastikstunde geht's härter zur Sache. Wir liegen auf Matten und pressen unsere Rücken und Schultern in den Boden, spannen die Bauchmuskeln an und heben die Füße nur eine Kleinigkeit an. Ich gehe in den Vierfüßler-Stand, strecke das linke Bein nach hinten, den rechten Arm nach vorn und umgekehrt. Unsere Quälmeisterin macht nicht mit, sondern patrouilliert zwischen den Matten auf und ab und betrachtet zufrieden ihr sportlich durchtrainiertes Bild in dem riesigen Wandspiegel, der eine Seite des Raumes komplett überzieht. War Eitelkeit nicht eine der Todsünden? Aus meinem Kopf schallt mir die passende Antwort entgegen: Genau wie die Völlerei, du japsendes Dickerchen! Am Ende der Trainingseinheit erhebe ich mich schwankend von der Matte, mein Kreislauf sagt nein zur Wirbelsäulengymnastik. Ich taumle auf mein Zimmer, was kommt als Nächstes? Moorbad. Ich zur Baderin: »Ich habe gerade Kreislaufprobleme und sowieso Bluthochdruck und ›heiß‹ konnte ich noch nie besonders gut vertragen.« – »Ich bin seit 20 Jahren Moorbaderin und musste noch keine Moorleiche aus der Wanne ziehen«, erwidert sie, erklärt mir dann noch, dass die wirksamen Stoffe des Moores erst bei 41 Grad Celsius zu wirken beginnen. Sie will mir aber einen Herzkühler geben und ich sehe, wie sie denkt, »Was für eine Mimose!«. Immerhin drückt sie mir noch eine Schnur mit Gummiballon in die Hand, die Notklingel. Also lege ich mich in das bröckelige Zeug, es ist wahnsinnig heiß. Ich bade noch nicht mal gerne warm. Ich dusche lieber lauwarm, ich bin ein Lauwarmduscher. Unter meiner linken Brust klemmt eine Stahlspirale, durch die kaltes Wasser fließt.

Erst als ich wieder auf meinem Zimmer bin, entdecke ich nicht wenige Moorteilchen unter den Achseln, am Halsansatz, in der Poritze und Schlimmerem. Für nächstes Mal merke ich mir: Ich muss beim Abspülen ein bisschen gründlicher sein. Aber wer hat schon Lust, vor den Augen der Badefrau Hautfalten und Ritzen auf eventuell verbliebene Holzstückchen zu untersuchen? Denn daraus besteht das Moor auch, in dem ich von nun an regelmäßig bade: aus wegen Sauerstoffmangel unvollständig abgebauten pflanzlichen Resten. Machen wir uns nichts vor: Wir baden hier in noch nicht ganz verwesten Bäumen.

Nach zweieinhalb Wochen Kur ist noch keine wesentliche Besserung meiner Schmerzen eingetreten. Bei der anstehenden Visite beichte ich das meinem zuständigen

Stationsarzt Dr. Maronski-Est. Er beordert mich in sein Sprechzimmer. Nachdem ich meine Beschwerden geschildert habe und der Doktor in meiner Akte gestöbert hat, verordnet er mir seine »Spezialbehandlung«. Er drückt an mir herum, dann ballt er die Hände zur Faust und fährt mit vollem Druck seiner Knöchel meine schmerzenden Muskelbahnen entlang, fuhrwerkt an meinem Rückgrat herum. Meine Schreie hallen einsam durch die Station 2, Tränen tropfen auf den Linoleumboden, und der Doktor meint nur trocken, ich solle ihm vertrauen, er habe einen Lehrgang besucht. Dazu muss man sagen, dass Dr. Maronski-Ests Phänotyp deutlich auf seine Abstammung von Dschingis Khans Reiterarmee hinweist. Seine Hände scheinen durch die jahrhundertalte Familientradition des Vieharztes geschult, der es alltäglich mit schwierigen Steißlagen bei Kamelen und Yaks zu tun hatte. Noch nie hat mir ein Mensch derartige Schmerzen zugefügt.

Nach der Spezialbehandlung schleppe ich mich in das Klinikcafé auf dem Dach, in dem ein PC steht, mit dem man manchmal ins Internet kommt. Der Doktor hat etwas von Myofaszialer Therapie gemurmelt und ich prüfe, ob es so etwas wirklich gibt. Ich komme mir nämlich eher so vor, als wäre ich gerade einem gemeingefährlichen Sadisten entronnen. Tatsächlich gibt es so etwas. Allerdings steht nicht dabei, dass diese Behandlung unglaubliche Schmerzen verursacht.

Bei meinem nächsten Physiotherapietermin fragt der Therapeut entsetzt: »Wo haben Sie denn die ganzen blauen Flecken her?« Ich sehe aus wie eine überreife Banane. Das Jüngelchen ist das genaue Gegenteil von Doktor Khan: um die 25 Jahre alt, massiert er an den betreffenden Stellen herum, als gäbe es bei mir keine Haut und kein Unterhautfettgewebe zu durchdringen, als würden seine zarten Hände direkt auf meinen Nervenbahnen entlangfahren. Das Massageöl stinkt wie immer nach Orangenaroma. Bei der Haltungsanalyse drückt er auf meinen Schultern herum, es dauert Minuten, bis ich zu seiner Zufriedenheit »gerade« stehe. Er stellt außerdem fest, dass meine rechte Schulter wesentlich höher sitzt als die linke. Nun denn, was soll ich tun? Bewusstsein ausbilden. »Das haben sie mir schon vor dreißig Jahren beigebracht«, erkläre ich ihm, »damals hieß das ›Klassenbewusstsein‹.« Damit kann der junge Mann nicht viel anfangen, er meint Haltungsbewusstsein. »Ja, genau«, entgegne ich, »um Haltung ging es damals auch ständig.« Die Haltung zur sozialistischen Gesellschaftsordnung, die Haltung zu den Verstößen meiner Klassenkameraden gegen die Schulordnung. Und kaum kommen wir so ins Plaudern, sind die vierzig Minuten Behandlungszeit auch schon um.

Weil noch keine wesentliche Besserung eingetreten ist, wird mein Behandlungsplan angepasst und aufgerüstet. Ich bekomme ein Gerät, mit dem ich mir selbst sanfte Stromstöße verpassen kann. In einem kahlen Raum auf meiner Etage erklärt mir eine Dame die Funktionsweise des Geräts. Ich klebe mir die Drähte mittels selbstklebender Pflaster auf die schmerzenden Stellen und reguliere die Stromstärke über einen Knopf. Jetzt kann ich mich zwischen den Kurbehandlungen selbst unter Strom setzen. Wie spannend! Ich probiere es gleich aus, 15 bis 20 Minuten soll eine Session dauern. Das Gefühl erinnert mich an die kindlichen Versuche mit der Flachbatterie: Man setzte Minus- und Pluspol an der Zungenspitze an und erzeugte mit den 4,5-Volt-Batterien ein Kribbeln in der Zunge. Ich drehe die Stärke ein bisschen rauf – tatsächlich: Der Schmerz wird stärker – und dann doch schnell wieder runter.

Im Keller findet die nächste Behandlung statt. Eine Streckbank, deren Ziel es ist, die Wirbelsäule so weit auseinanderzuziehen, dass die Bandscheibe zwischen den Wirbeln wieder ein bisschen Platz bekommt und sich vielleicht sogar von selbst zurückziehen kann. Unter der Streckbank, auf der ich mit Brust- und Beingurten festgeschnallt werde, fährt ein Schlitten mit einer Mikrowellenquelle hin und her. Als es losgeht, ruckelt die Streckbank und zieht mich mittels der Gurte auseinander. Der Schlitten unter mir gibt leise summende Geräusche von sich und Wärme ab. Muss ich noch erwähnen, dass der Raum fensterlos ist? Ich glaube, Masochisten würden eine Menge Geld dafür bezahlen, hier behandelt werden zu dürfen.

Unter dem Keller liegt noch ein weiteres Geschoss, aus dem Lift kenne ich es als »Minus 2«. Hier sitzen die Ergotherapeuten. Die müssen eine lichtempfindliche Spezies sein, ähnlich den Nacktmullen, denn ihre Räume sind fensterlos und waren in den ursprünglichen Bauplänen wahrscheinlich mal als Luft- oder Atomschutzbunker ausgewiesen. In den Vitrinen im Gang wird eine Pop-Art-Ausstellung gezeigt. Buntes Spielzeug, denke ich im Vorübergehen. Bei näherem Hinsehen entpuppen sich die Gegenstände in knalligen Primärfarben jedoch als »Geräte«: Mit ihnen soll man trainieren, meistens mit den Händen. Hier herunter kommen also hauptsächlich Handgelenke (Kassiererinnen), die irgendetwas kneten müssen. Ich dagegen bin hier ganz unten, weil ich eine ergonomische Arbeitsplatzberatung bekommen soll.

Ich werde in einen dieser Kellerräume gerufen und einer jungen sympathischen Frau an einem PC gegenübergesetzt. Am liebsten möchte ich ihr noch raten: »Das nächste Mal: Augen auf bei der Berufswahl!«, aber dann lasse ich es doch bleiben und höre ihren Empfehlungen zu. Sie vermisst mich mit einem Maßband und gibt mir Ratschläge, welcher Abstand und Winkel der einzelnen Gliedmaßen im Verhältnis zu PC und Schreibtisch der gesündeste für die Haltung ist. Am Ende drückt sie mir eine Kopie in die Hand mit einer Zeichnung von einem Menschen am Schreibtisch vor dem PC, auf der noch mal die richtigen Abstände und Winkel genau eingezeichnet sind.

Auf dem Rückweg in die Oberwelt fallen mir die Zeichnungen an den Wänden auf. Mit Buntstiften haben die Kinder des örtlichen Kindergartens die Schmalspurbahn gemalt, die touristische Attraktion des kleinen Städtchens. Ein bisschen gruselig ist, dass alle Kinder genau das Gleiche gemalt und in ein und derselben Art koloriert haben: Alle Dampfloks fahren von links nach rechts, jede Lok hat zwei Hänger dran, sie sind rot und gelb. Kann es sein, dass schon die Vierjährigen nicht mehr individuell sind?

Meine Homies

Drei Mahlzeiten täglich nimmt man mit seinen Homies zusammen ein, ansonsten begegnet man sich hin und wieder in der ein oder anderen Sportgruppe. Günter, übergewichtig, keine Haare, nirgends, ist Kriminalkommissar, sagt er. Ich würde ihm eher glauben, dass er bei der ersten Mondexpedition dabei gewesen wäre, als dass sein Beruf Verbrecherjäger ist. Er hat erfolgreich die Bedienerin becirct, die uns mittags unser warmes Essen bringt, so dass er jeden Tag nicht nur ein Wahlessen vor sich hat, sondern alles, was der Menüplan zu bieten hat. Der Kerl, der mich am ersten Tag mit dem Satz begrüßt hatte, dass er schon letztes Jahr hier gewesen sei und genau wüsste, dass die Hälfte der Leute nur zum Ficken auf Kur käme, sitzt jetzt schon einen Tisch weiter. Auf eigenen Wunsch, wie mir die Bedienerin anvertraut, aber genau genommen war es auch mein unausgesprochener Wunsch. Zwei Wochen später fliegt er aus der Klinik, weil er einen Arzt tätlich angegriffen hat.

Günter kann nicht allein sein. Nicht eine Minute. Reihum lädt er die Leute ein, mit ihm in die Stadt zu fahren und lecker Kuchen zu essen und Kaffee zu trinken. Anfangs hat er damit auch Erfolg, denn etwas anderes lässt sich in dem Kleinstädtchen nicht anfangen. Die ortsansässige Gastronomie ist perfekt auf den gemeinen Kurgast eingestellt, es gibt auch wochentags günstige Kaffee- und Kuchengedecke, in der Hauptstraße des Ortes reiht sich ein Café an das andere. Wer den einen Kilometer von der Klinik bis in dieses Schlaraffenland schafft, hat sich eine ordentliche Portion Zucker redlich verdient. Die meisten fahren aber sowieso mit dem Auto.

Mit Udo und Sabine verstehe ich mich auf Anhieb und abends treffen wir uns oft in dem mintgrünen 80er-Jahre-Café, das sie der Kurklinik aufs Dach gebaut haben, und das mich an die Phase meiner Jugend erinnert, in der wir stundenlang in einer gleichfarbigen Eisdiele in Leipzig herumgehangen haben. Die Bedienung trägt ein Augen-Make-up mit einem imposanten Lidstrich, das sich stilistisch und farblich offenbar sowohl an der Innenausstattung des Cafés als auch an Kleopatra orientiert. »Wir sind ja schließlich zur Kur hier und nicht zum Entzug«, lautet immer der letzte Satz beim Abendessen, und so fahren wir mit dem Lift nach ganz oben und erholen uns auf dem Dach der Klinik von den dunklen Stunden im Keller. Der Direktor der Klinik ist genauso progressiv eingestellt wie wir und erlaubt im Dachcafé den Ausschank von Weinschorle und Radler. Nachdem man Kleopatra ein bisschen Trinkgeld gegeben hat, wird die Weinschorle deutlich grimmiger in Geschmack und Mischverhältnis.

In dieser Zeit menschelt es mehr als bei den Mahlzeiten, die Väter und Mütter legen Fotos ihrer Kinder auf den Tisch, viele haben einen Laptop unterm Arm und zeigen den Nächstsitzenden die Bilder des letzten Urlaubs. Eine Pause gibt es nur, wenn man zum Rauchen auf die Terrasse verschwindet. Punkt 21:30 Uhr schließt das Café und Kleopatra verabschiedet uns. Meistens gehen wir noch auf Station 2. Die Pfleger sind nämlich alle aushäusig, und nur im Erdgeschoss gibt es einen Wachhabenden.

Die Gänge sind wabenförmig um einen Innenhof angelegt, die Stationszimmer gehen strahlenförmig von dieser Mitte ab. Diese Konstruktion ist eigentlich von traditionellen Haftanstalten bekannt. Jede Station hat eine Teeküche, in deren Schränken ein paar schrundige Tassen und Teller stehen und in Ober- und Unterschränken Batterien leerer Wein- und Schnapsflaschen.

Nach vier Wochen Kur mit Elektrostimulation, Mikrowelle, Streckbank, Moorpackung, Moorbad, Massage,

Krankengymnastik, Rückengymnastik, Rückenschule, Wassergymnastik, Schwimmen, Ergometer, Medizinischer Trainingstherapie, Myofaszialer Therapie und Progressiver Muskelentspannung kann ich tatsächlich wieder halbwegs aufrecht gehen.

IRENA und ich

Auch nach der Kur lässt man mich nicht allein. Ich lerne Irena kennen: das Intensive Rehabilitations-Nachsorge-Programm. Dr. Maronski-Est hat, wahrscheinlich wegen seines schlechten Gewissens, für mich den Antragskram erledigt, weil ich noch nicht »rund« laufe. Doch alle drei Berliner Stätten, die halbwegs in meinem Umfeld liegen und dieses Programm anbieten, haben eine mehrwöchige Wartezeit. Also lasse ich mich auf die kürzeste Liste setzen und warte.

Sechs Monate sind seit meinem Bandscheibenvorfall vergangen. Ich bin zwar nicht mehr krankgeschrieben und auf Kur, ich arbeitete sogar wieder, habe aber weiter jeden Abend Schmerzen, wenn auch halbwegs erträgliche. Alle Mitpatienten, die nicht wie ich zum ersten Mal auf Kur waren, sondern schon im Alledreijahre-Kurdurchlauferhitzer-Modus weilten, hatten mir geraten, dass es sehr förderlich gegen den inneren Schweinehund sei, dieses Programm durchzuziehen, wegen der Termine und des Gruppenzwangs. Also freue ich mich regelrecht, als ich per Anruf mitgeteilt bekomme, ein Platz sei frei und ich solle zweimal die Woche zur Medizinischen Trainingstherapie und zur Aquagymnastik kommen.

Schnell stelle ich fest: Ich habe keinen inneren Schweinehund, ich habe ein ganzes Rudel davon. Wären es äuße-
re Schweinehunde, ich könnte sie huskymäßig vor einen
Schlitten spannen und eine Expedition durch die Berliner
Häuserschluchten unternehmen. Denn es ist schon wieder
so ein Berliner Winter, der nicht aufhören will. Ich zähle,
wie viele Monate ich die Sonne nicht mehr gesehen habe.
Also, man sieht die Sonne schon, aber nur als eine kreis-
runde Scheibe helleren Graus, die sich vom Dunkelgrau
des Himmels abhebt. Ich komme auf fünf. Im Dunkeln
gehe ich ins Büro, im Dunkeln komme ich heraus und in
dichtem Schneetreiben oder im Schneematsch laufe ich
zur S-Bahn, steige einmal um und gehe ein paar hundert
Meter bis zur Reha. Wie ein Schulkind habe ich meinen
Rucksack geschultert, mir am Vorabend schon das Turn-
und Schwimmzeug eingepackt, denn früh am Morgen
vor der Arbeit bin ich zu solchen organisatorischen Groß-
unternehmungen nicht in der Lage.

Als ich zum ersten Mal das große verwinkelte Gebäude
betrete, in dem das IRENA-Programm stattfindet, merke
ich gleich ziemlich deutlich: Das hier wird kein Wellness.
Insgeheim habe ich mir so etwas in der Art natürlich ge-
wünscht. Die Umkleiden sind wieder mal im Keller, sie
werden auf ungefähr 35 Grad geheizt, draußen ist schließlich Winter. Es ist wieder ein Keller voller Beladener, die
stöhnen und ächzen, mehr als bei den eigentlichen sportlichen Übungen. Menschen mit defektem Bewegungs-
apparat haben nun mal Schwierigkeiten unterschiedlicher
gradueller Abstufung, wenn sie sich Kleidung an- oder
ausziehen müssen.

Vor der Aquagymnastik kommt aber erst mal die Medizinische Trainingstherapie dran – was zunächst einfach eine halbe Stunde Radfahren auf dem Ergometer bedeutet. Dessen komplexe Bedienung wurde mir zum Glück schon während der Kur beigebracht: Es gibt genau zwei Knöpfe, die man drücken kann. Unser »Drill Instructor« auf der Kur hatte uns dazu am ersten Tag um 7:30 Uhr in den Vorraum des Kellers beordert. Auf dem Stundenplan stand »Einweisung Ergometer«. Wir ärgerten uns, dass wir überhaupt aufgestanden waren, was offenbar das eigentliche Trainingsziel dieser Aktion gewesen war.

Anschließend geht es in der Therapie an Geräte, die man so oder ähnlich aus dem Fitnessstudio kennt – *wenn* man ein Fitnessstudio kennt. Hier ist die Einweisung durch den Therapeuten nicht überflüssig, auch nach der fünften Stunde weiß ich noch nicht genau, welchen Hebel ich wo umlegen, welche Gewichte ich auflegen und was genau ich noch mal an der Sprossenwand mit diesen komischen Gummibändern machen soll. Hinten an der Wand liegen auf Matten einige Pezzi-Bälle – ich erkenne die wohlvertraute Form. Mit denen wüsste ich, was zu machen ist, aber das ist leider nicht mehr meine Aufgabe. Ich drücke, hebe und schiebe jetzt Gewichte. Mir tut dabei nichts weh, deshalb mache ich tapfer und lustlos weiter. Danach wieder ab in den Keller und nochmals umziehen. Stöhn. Ächz.

Ich gehöre immer zur letzten Trainingsgruppe des Tages, weil ich ja vorher arbeiten muss. Die Nassräume sind am Ende eines IRENA-Tages nicht mehr besonders sauber. Überall sind Haare und Fußspuren der Vorgängergruppen auf dem Boden zu finden. Eine weißhaarige Frau im Badeanzug steht mir plötzlich ein bisschen verloren gegenüber und fragt mich unsicher, ob auch ich für das Training der Deutschen Rheuma-Liga-Gruppe hier sei. Es stellt sich heraus, dass sie sich im Tag geirrt hat.

Bei meiner ersten IRENA-Badestunde freue ich mich über den aufgeschlossenen Therapeuten, der am Beckenrand seine Runden dreht, uns keinerlei Anweisungen gibt, dafür aber innerhalb der therapeutischen vierzig Minuten nicht nur seinen letzten Urlaub, sondern auch die Trennung von seiner Freundin monologisch Revue passieren lässt. Da auch die übrigen Herrschaften im Becken an seinen Lippen hängen, was sie durch verbale Minimalbestätigungen wie »ach« und »sag bloß« kundtun, denke ich, ich bin in eine Warmwasser-Plauderrunde geraten, so Hammam-mäßig – Einweichen und Wohlfühlen. Weil der Therapeut alle paar Minuten in seinem Kabuff verschwindet und hinter der gläsernen Trennscheibe Rauchwolken zu bemerken sind, weiß ich endlich auch, woher seine Redseligkeit und sein Desinteresse, uns durchs Becken zu scheuchen, rühren. Der junge Mann ist völlig bekifft. Leider ist das auch die letzte relaxte Stunde, die in dieser Art stattfindet. Es scheint sich wohl jemand beschwert zu haben, der mehr auf Drill und Beweglichkeit steht.

Nach drei Monaten habe ich meine verschriebenen Stunden absolviert. Und was kommt jetzt?

Ich fange an zu laufen: Nordic Walking im Stadtpark

Ich muss unwillkürlich daran denken, wie mich die tatterige Omi aus Nordrhein-Westfalen lachend mit ihrem

Rollator überholte, den sie mit Leichtigkeit den kleinen Hügel zur Kurklinik hinaufschob. Das soll sich bitte nicht wiederholen. Ab jetzt bin ich allein dafür verantwortlich, dass meine Rückenmuskeln ordentlich ausgebildet bleiben und dass die einzigen Bewegungen, die ich vollführe, nicht nur das Hacken auf der Tastatur und das Klicken mit der Maus sind. Inzwischen habe ich mir angewöhnt, immer einen Stockschirm bei mir zu haben, damit ich mich einigermaßen sicher auf den Beinen fühle. Endlich gebe ich mir einen ordentlichen Ruck und mache mich zur Stockente – ich kaufe mir Nordic-Walking-Stöcke. Auf der Kur habe ich zumindest gelernt, wie ideales Nordic Walking ablaufen sollte, die Trainerin hatte ihr Programm als das effektivste Muskeltraining überhaupt angepriesen. Angeblich werden dabei – bei richtiger Ausführung, wohlbemerkt – 90 Prozent aller Muskeln bewegt. In der ersten Trainingsstunde bewegen sich bei mir vor allem meine Gesichtsmuskeln, weil ich und eine noch übergewichtigere Frau als Letzte der Gruppe auf unbekanntem Gelände fluchen und schwitzen und schimpfen. Der Trainerin vorn scheint das ziemlich egal zu sein, denn sie lässt uns zwei am Ende der Gruppe einfach im Waldschlamm zurück und zieht ihr Tempo weiter durch. Trotz dieser ernüchternden Erfahrung will ich es jetzt einmal allein und in Ruhe versuchen.

Auf dem Großstadtasphalt zu walken ist nicht zu empfehlen, finde ich zuallererst heraus. Es ist schlecht für die Gelenke und sieht außerdem ziemlich bescheuert aus. Ich fahre also zehn Minuten mit dem Bus und beginne, meine Runden durch den nächstgelegenen Stadtpark zu ziehen. Es gibt klare Hierarchien: Nordic Walking ist etwas für die

»Generation Silberwolf« und die unheilbar Übergewichtigen. »Schont ja die Gelenke!«, höre ich eine Kursleiterin mit besorgtem Blick auf die weiblichen Pummel in ihrer Runde sagen. Es ist ihr letzter Anlauf, doch noch etwas für ihre aus allen Nähten geplatzten Körper zu tun. Die Jungen, Feschen, Sportlichen joggen natürlich, ziehen drei- bis viermal schneller an einem vorbei und lassen einen in ihrer Staubwolke stehen. Männer sieht man übrigens nicht walken. Selbst die Dicksten und solche, denen man dringend das Tragen eines Sport-BHs empfehlen möchte, quälen sich im erderschütternden Laufschritt durch den Park. Denn obwohl sie uns in anatomischer Hinsicht ähneln – zwei Arme, zwei Beine –, scheint ihnen der Gang mit den Stöcken unmöglich. Würdeloses Herumstaksen zu Fuß an Gehhilfen ist nichts für einen Mann in den besten Jahren – die ja bekanntlich erst mit 90 enden ... Dann kann man sich eventuell, wenn es hochkommt, einen Spazierstock mit silbernem Knauf zulegen, das wäre angemessen.

Ich stakse also unsicher meine ersten Runden und stochere meine Wut in die kiesbestreuten Parkwege. Ich kann mich nicht entscheiden, ob ich die ganzen Spaziergänger und Muttis mit Kinderwagen nun überholen soll. Nicht, dass ich viel schneller wäre als sie, aber ich komme mir ja selbst schon mit den Stöcken ins Gehege und möchte keinen Unbeteiligten verletzen. Irgendwann, ein paar Wochen später habe ich's drauf, sogar eine Art Rhythmus. An manchen Tagen bringt es mir fast Spaß. Doch je sicherer und schneller ich meine Runden ziehe, desto öder werden sie auch. Die Motivation lässt nach und dann beginnen auch plötzlich die Männer, die in jeder Gewichts-

und Altersklasse an einem vorüberjoggen, Kniestrümpfe zu tragen. Nicht diese Männer in Strumpfhosen, die auf ihren storchenhaften Beinchen ja sowieso schon in engen Leggins herumlaufen, nein, ich meine fesche Männer in kurzen Sporthosen, die Kniestrümpfe tragen. Später finde ich bei einem meiner zahlreichen Besuche im Sportkaufhaus heraus, dass es sich um einen durchblutungsfördernden Trend handelt. Was ich zu sehen bekam, war der kompressive Sportstrumpf, ein enger Verwandter des Thrombosestützstrumpfes zur Verhinderung des gefürchteten offenen Beins.

Eines Tages laufe ich meine Runden im Park, da sehe ich einige Jogger kilometerfressend auf einem schmalen Weg hinter einem Gebüsch verschwinden. Mutig folge ich ihnen, an Zäunen entlang, die eine bedrohliche Atmosphäre ausstrahlen. Ich wundere mich: Hier verlief doch gar nicht die Berliner Mauer. Nach zehn Minuten Weg durch eine Brache finde ich mich inmitten einer Kleingartenkolonie wieder. Die Zäune werden niedriger, sehen weniger bedrohlich aus, und die Lauben künden von ihren Bewohnern: »Hilde & Thommy« haben ihre Namen mit Rouladennadeln auf ein Holzbrettchen gebrannt und mit Klarlack versiegelt, »Marlies & Gerd« haben aus den Buchstaben ihrer Namen eine Kleinskulptur aus Eisendraht geschweißt. »Forever« steht darunter.

Jogger und Mountainbiker witschen in hoher Geschwindigkeit an mir vorüber. Ich presse mich an die Zaunlatten, um auf dem Laubenpieper-Highway nicht plattgewalzt zu werden, und entkomme nach einer langen halben Stunde wieder aus der Kolonie. In nicht allzu großer Ferne blinken mir die Buchstaben von IKEA und einer Müllverbrennungsanlage entgegen. Gut, es geht darum, dass ich laufe, mich bewege und meinen Rücken stabilisiere. Aber muss ich denn durch eine solche Gegend laufen? Ich erinnere mich dunkel an die Bücher und spektakulären Fotos darin, die ich zu Beginn meines Bandscheibenvorfalls verschlungen hatte, diese Gebirge mit den herrlichen Bergen – den Himalaya, die Appalachen ... Ich könnte doch auch mal in einem Gebirge wandern. Immerhin habe ich nun eine Art Grundkondition aufgebaut.

Natürlich fange ich nicht gleich mit diesen krassen Gegenden an, ich sehe mich erst mal in meiner Nähe um. Zumindest aus dem schulischen Geographie- und Heimatkundeunterricht sind mir die Sächsische Schweiz und der Harz bekannt. Aber wer will schon als Ossi in die ostdeutschen Mittelgebirge reisen, wo man doch überall hinkann und das Reisen innerhalb der ehemaligen DDR-Grenze höchstens was für Ewiggestrige ist, die sich nach FDGB-Ferienplatz-Mief zurücksehnen? Und zu allem Unglück habe ich überhaupt nichts anzuziehen! In meiner schon stark überdehnten Trainingshose und den ollen Turnschuhen kann ich zwar ein bisschen im Stadtpark herumwalken, aber doch unmöglich in ein mir nur schemenhaft in Erinnerung gebliebenes Mittelgebirge aufbrechen. Und schließlich muss ich mich ja auch noch mental auf diesen Schritt vorbereiten – seit Jogi Löw weiß ich nämlich, dass physisches Training nicht alles ist: Der Ausnahmesportler sollte sich auch mental auf der Höhe befinden. Mein Mental-Power-Training startet mit Fernsehen.

Die Vorbereitung

Ich sehe fern: Bear Grylls, DMAX, die Wildnis und ich

Beim Zappen bleibe ich an jeder Natursendung kleben. Eichelhäher, Buntspechte, Murmeltiere, Karpatenbären: Ich kann nicht behaupten, dass sie noch viele Geheimnisse vor mir hätten – ich weiß, was sie fressen und wie und wann sie sich paaren. Die besten Sendungen sind aber zweifellos die, in denen Menschen in der Wildnis herumlungern und die Tiere entweder gefährlich oder essbar sind. Manchmal sind sie beides, manchmal keines von beidem.

Bear Grylls, ein junger Mann mit energischem Blick, lässt sich zum Beispiel regelmäßig über den Wildnissen dieser Erde aus einem Hubschrauber abwerfen. Mit ihm landen ein Kameramann und ein Tonmann, damit ich zu Hause zuschauen und -hören kann, wie sich Bear Grylls durch die unterschiedlichsten Gefahrenzonen schlägt. Bear Grylls ist eine Art Wildnis-McGyver. Er hat immer ein Messer dabei – keinen Leatherman, ich bin mir fast sicher –, eine Flasche Wasser und einen Rucksack, manchmal auch noch ein Seil. In nur einer Woche habe ich alle Folgen gesehen, ich kann sie nämlich bei DMAX jederzeit abrufen. DMAX ist ein Männersender, und ich überlege ernsthaft, ob ich meine hormonelle Konstitution überprüfen lassen sollte, weil ich nur noch diesen Männersender schaue. Ich nähere mich doch unaufhaltsam den Wechseljahren und da soll einem ja immerhin so einiges passieren. Allerdings habe ich während meines Studiums auch gelernt, dass wir alle nur konstruiert sind, so geschlechtermäßig. Aber mir ist das im Moment egal, denn ich kann gar nicht anders, als auf den Bildschirm zu starren.

Bear Grylls überlebt in einer Wüste und findet den Weg zum Meer, dabei trinkt er seine Pisse aus einer Schlangenhaut, um nicht zu verdursten. Die Haut hat er dem Tierchen abgezogen und das Tierchen hat er gegessen. Bear Grylls überlebt in der Arktis, weil er weiß, dass kalte Luft nach unten sinkt und wie man sich einen Kälteschacht in einer Schneehöhle baut. Dazu hebt er einen tiefergelegenen Schacht aus, die kältere Luft sinkt da hinein. Das erhöht die Gesamttemperatur in der Höhle und Bear Grylls' Überlebenschancen steigen. Bear Grylls hat definitiv in Physik noch nach der Optik aufgepasst.

Er überlebt in einem sumpfigen Mangrovengebiet, weil er mit seinen Händen Fische fangen kann. In Höhlen findet er sich gut zurecht und er folgt dem Lauf des Wassers, weil Wasser sich immer den kürzesten Weg sucht. Bear Grylls muss auch in Geographie gut aufgepasst haben. Bear Grylls weiß einfach, wie man draußen – outdoor – überlebt, weil er sich auf die vier Dinge konzentriert, die einen da rausbringen: nicht verhungern, nicht verdursten, sich eine Unterkunft für die Nacht bauen und den Weg in die Zivilisation zurückfinden.

Es gibt auch noch Survival Man, der lässt sich ebenfalls über Wildnissen abwerfen. Im Unterschied zu Bear Grylls tut er das ohne Kameramann und ohne Tonmann, er bedient die Kamera selbst. Survival Man überlebt in Wüsten, in der Arktis und in Mangrovenwäldern. Und im Dschungel, wo man ganz schwer durchkommt. Auch in Höhlen kennt er sich gut aus.

Dann ist da noch das Survival-Duo, ein weißer Mann mit Zöpfen, der sich für einen Indianer hält und in der rauen Natur in kurzen Hosen, in Socken oder barfuß herumläuft, weil er so die Erde besser spürt. Sein Kumpel, ein Ex-Army-Typ, beschimpft ihn die ganze Zeit über, weil Socken und kurze Hosen nicht die richtige Kleidung seien für die Arktis, den Dschungel, Mangrovenwälder und piranhaverseuchte Flüsse. Ach ja, außerdem gibt es noch den Mann, der mit einer Frau verheiratet ist, mit der er sich gemeinsam über Wildnissen abwerfen lässt. Sie schlagen sich durch Wüsten, Dschungel, die Arktis und Mangrovensümpfe. Sie alle können Feuer machen, natürlich. Feuermachen ist outdoor die Kernkompetenz. Dazu kann man Gerätschaften benutzen wie Feuersteine oder die gute alte Hölzchen-wird-so-lange-in-einer-Mulde-gerieben-bis-es-qualmt-Methode anwenden, wichtig ist, dass es einen Funken in einem leicht entzündlichen Material aus der Natur gibt und dass die Glut anhält, damit sie ein Feuerchen entfacht. Die ganzen amerikanischen Outdoortypen aus dem Fernsehen benutzen dazu immer Zunderschwamm, den sie von den Bäumen schälen. Keine Ahnung, ob es den in unseren Breiten auch gibt. Ich merke mir, dass ich immer ein Feuerzeug bei mir haben werde.

Diese Serien sind sich also ziemlich ähnlich, nur dass jeweils andere Akteure durch die Wildnis turnen. Wie unter Zwang muss ich mir aber jede Serie ansehen. Dazu kommt das sichere Gefühl, dass ich durch die sich immer wieder ähnelnden Handlungen tatsächlich etwas dazulerne. Ich muss ja für das Draußen gerüstet sein. Theoretisch weiß ich jetzt zumindest, wie man sich aus Ästen einen Unterschlupf baut oder eine eisige Nacht unter freiem Himmel überlebt, wenn man nichts hat als Schnee.

Wahrscheinlich haben Leute wie Bear Grylls oder Reinhold Messner eine so große Fangemeinde, weil sie das tun, wonach viele sich sehnen, es sich aber niemals trauen würden. Bear Grylls und seine Kollegen sind unser aller Stellvertreter da draußen. Das Draußen, die Wildnis, ist uns verlorengegangen. Wir haben natürlich auch ein paar zehntausend Jahre daran gearbeitet, nicht mehr draußen sein zu müssen. Und jetzt fehlt uns irgendwas. Vor 300 Jahren wäre noch keiner auf die Idee gekommen, freiwillig in seiner freien Zeit nur so zum Vergnügen rauszugehen. Man war froh, wenn man ein Dach über dem Kopf hatte, etwas zu essen und wenn ein warmes Feuer die Stube wärmte, man war ein glücklicher Allesfresser, dessen Augen im Schein des Herdfeuers glänzten. Aber mittlerweile sind wir schon ein bisschen zu lange in dieser Komfortzone, die Wildnis ruft laut und deutlich. Wir haben nur verlernt, uns da draußen zu bewegen. Und da wir gewohnt sind, alles aufzufressen, was uns auf den Tisch kommt, und wir das Draußen gereinigt haben von dem, was uns gefährlich werden könnte, haben wir auch vergessen, dass wir selbst Opfer sein könnten. Im Wesentlichen sind wir keine Beute mehr, wenn wir durch den Wald gehen, und das Beobachten unserer Nahrung üben wir in den Ausflugslokalen durch Tellerfixierung aus. Dennoch habe ich es erlebt, als ich mich unter einen Baum oder Sonnenschirm setzte, dass es Zecken auf mich hinabregnete. Komischerweise denkt man ja zuerst darüber nach, ob die Gegend, in die man fahren will, wieder von Wölfen besiedelt ist oder gar ein Bär gesichtet wurde – die kleinen Piesacker aber, die vergisst man. Zumindest bis sie angreifen. Dann empfiehlt es sich, ein Insektenspray bei der Hand zu haben und eine Zeckenzange.

Mit der Sehnsucht nach dem Draußen bin ich ja auch nicht allein: Die altmodischen Abenteuergeschichten, die uns die Flucht aus der modernen Schreibtischsklaverei ermöglichen, füllen ja viele Filme, Bücher und TV-Sendungen. Was für ein wohliger Genuss, drinnen zu sitzen und mit den Protagonisten an die Grenzen der Erschöpfung zu gehen, Hunger zu empfinden – und dann zum Kühlschrank gehen zu können. Warum soll man sich auch in Gefahr begeben? Darin kommt man bekanntlich nur um. Und doch, es übt einen ganz besonderen Reiz aus, sich vorzustellen, man könnte ja, wenn man nur wollte. Man schmeißt einfach den Job hin – wollte man nicht schon immer mit dem Fahrrad um die Welt radeln?

Ich kaufe ein: Ausrüstung und Aufrüstung

Bevor es losgeht, muss also erst einmal eingekauft werden. Das Wort »Ausrüstung« ist nicht umsonst mit dem Wort »Aufrüstung« verwandt. Es gilt schließlich, da draußen – OUTDOOR! – zu überleben. Ein kleines Stück von der großen Wildnis kann man immerhin abhaben: Entweder man bucht Himalayatrekking, oder man schnürt sich seine Goretex-Jacke bis obenhin zu und stapft durch den Bayerischen Wald.

Es ist schon rund zwei Jahre her, dass mein Kumpel Martin meine Ausrüstung, die auf dem Einkaufsprinzip »Kostet 19,90, nehm ich« beruht, in Grund und Waldboden kritisiert hat. Für mich steht fest, dass ich mich damit draußen nicht mehr blicken lassen kann. Ich habe noch Reste von einem Kredit übrig, und das braucht es auch – mindestens. Ich wälze also Outdoor-Kataloge hin und her. Mir kommt es vor, als lernte ich eine Fremdsprache. Ich bin nur froh, dass die Kataloge mit Bildern versehen sind, denn die dazugehörigen funktionalen Vokabeln muss ich erst verstehen lernen. Wer meint, dass Produkte im Bereich Mobile Telekommunikation oder Persönlicher Computer schnell veralten, hat noch nie einen Outdoor-Katalog gesehen und studiert.

Einige der Materialien werden in essayistischen Textabschnitten erklärt. Technische Zeichnungen erläutern den Aufbau verschiedener Textilschichten. Einfach alles ist aus solchen Schichten aufgebaut. Die ganze Outdoor-Ausrüstungsindustrie ist hochtechnisiert, für die Materialien werden ingenieurmäßige und fremdsprachige Namen vergeben. Man scheint mit diesen Bekleidungsstücken mindestens bis zum Mond fliegen zu können. Ohne Rakete, wohlgemerkt. Dann gibt es für jeden Anlass ein spezielles Paar Schuhe, spezielle Jacken, Hosen, Unterwäsche. So etwas wie »Universelle Outdoor-Bekleidung für alles Mögliche« gibt es nicht. Man muss sich vorher im Klaren darüber sein, was man so vorhat, wenn man in die Wildnis geht, erst dann ist man wirklich bereit, das passende Equipment zu suchen. Mir schießen kurz die Bilder von

Sir Edmund Hillary und Tenzing Norgay in den Kopf: Sie trugen Segeltuch-Blousons und Lederschuhe. Heutzutage würde mit diesem Schrott wahrscheinlich niemand mehr auch nur auf den Berliner Kreuzberg steigen.

Neben dem Schichtaufbau der Funktionskleidung mit bedampften Mikrofasern und dergleichen Pipapo gilt auch noch das als Zwiebelprinzip bekannte Bekleidungs-schichten-Mantra. Ein Anbieter gliedert sogar seinen gesamten Bekleidungskatalog in »1. Schicht«, »2. Schicht« und »3. Schicht«. Da sitzt man als Laie erst mal ratlos davor, bevor man begreift, was es damit auf sich hat. Ich beginne natürlich außer den Katalogen auch die einschlägige Fachpresse zu studieren: Da gibt es monatliche Magazine wie *Outdoor* und *Wanderlust* und neben Vorschlägen für Touren und Interviews mit Leuten, die ihr Geld im Draußen verdienen, finden sich etliche Bekleidungstipps, die immer direkt mit der üppig dazwischengeschalteten Werbung zusammenhängen. Der Umsatz der deutschen Outdoor-Industrie ist keine Marginalie mehr, im Jahr 2011 betrug er immerhin zwei Milliarden Euro und die Branche steigerte allein in den Jahren 2006 bis 2011 ihren Umsatz um 44 Prozent.

Immer wieder erstaunt mich die Spezialisierung in dieser Branche: In dem einen Heft wird Funktionsunterwäsche durchgetestet, im nächsten 3-Lagen-Jacken, und wieder im nächsten Schlafsäcke. Nach einem Jahr Heftlesen wiederholt sich alles, was aber von immer neuen technologischen Fortschritten auf Materialebene kaschiert wird. Die Beschreibung der Materialien flößt mir einen solchen Respekt ein, dass ich am liebsten von allem das Teuerste kaufen würde, weil es doch einfach das Beste sein muss.

Und da: das Eldorado. Im Internet findet man alles. Angucken und anfassen kann man das vorher ja im heimischen Globetrotterladen oder in der kleinen Klitsche um die Ecke, die »Der Aussteiger« oder so ähnlich heißt. Ich kaufe ein. Ich stelle mir Situationen vor, in die man geraten könnte – ich kaufe noch mehr ein. Am Ende steht ein Rucksack, gepackt für alle Eventualitäten. Ich setze ihn mir auf den Rücken und stelle fest: Es ist kein Vergnügen mit 20 Kilo Gepäck zu wandern, ganz gleich, wohin es geht. Es muss doch auch anders gehen, Herrgott noch mal! Ziehen Sie mal ein paar Kilometer, sagen wir zehn, mit so einem Ding los – es bringt keinen Spaß, nur Beschwerden. Ich entdecke ein Buch mit dem Titel *Outdoor Trekking ultraleicht*. Das leuchtet mir sofort ein. Wenn ich schon zu schwer bin, warum soll es mein Gepäck dann auch noch sein? Und überhaupt ist es viel einfacher, das Gewicht meines Gepäcks zu reduzieren, statt mein eigenes. Als ich dann noch lese, dass man die Kilos Fett, die man am Leib trägt, einfach nur in ihren Brennwert umzurechnen und als optimal verteilten Proviant anzusehen braucht, bin ich endgültig überzeugt und beschließe, bei meinen Einkäufen ab jetzt besonders auf das Gewicht des Equipments zu achten. Das machen mir die Technikfreaks einfach, denn sie haben von der Zahnbürste bis zum Vierer-Kajak alles gewogen und in technische Datenblätter aufgenommen.

Die Firmen, die das ganze Zeug verkaufen, umweht meist ein Gründungsmythos: Es waren einmal zwei Freunde, die lebten entweder in den Rocky Mountains oder in Norwegen und stiegen auf einen Berg. Draußen war es furchtbar kalt und nass und Muttis Strickpulli, den sie gegen die Kälte trugen, hing nass und schwer bis in die Kniekehlen. Wieder zu Hause angekommen und von einer fürchterlichen Erkältung genesen, gingen die beiden Freunde in den Hobbykeller, experimentierten mit alten Autoreifen, Küchenabfällen und Industriegewebe, damit sie fürderhin nie mehr frieren und darben mussten. Fertig war die erste Outdoorjacke. Und jetzt sind sie mitten unter uns.

Im Fernsehen fällt mir eine berühmte Regisseurin auf, sie trägt eine »Sea to Summit«-Jacke. Sie sitzt in einem Studio, also einem Bereich, den man gemeinhin als »trockenes Innen« bezeichnen könnte, macht aber durch das Tragen dieser Jacke deutlich, dass sie jederzeit fähig – und: Ja!, für das deutsche Kinopublikum auch jederzeit bereit – ist, draußen ins Nasse, Kalte zu gehen, sich in Eis, Hagel, Regen und Schnee zu begeben und alles zu geben, um uns Weicheier im Trockenen zu unterhalten. Ich will natürlich nicht gleich 300 Euro für so eine Hightech-Jacke hinblättern und gehe in die Sportabteilung meines Kaufhauses. Dort finde ich auch eine Jacke, zu der ich sofort Zutrauen fasse. Sie liegt preislich in einem annehmbaren Bereich zwischen 19,90 Euro und 300 Euro und passt mir sogar. Gut, farblich ist sie ein wenig auffällig, aber schließlich will ich ja nicht auf die Jagd gehen, und außerdem findet mich der Rettungsdienst in meinem roten Anorak viel besser.

Der erste Praxistest ist ernüchternd. Ich gehe bei Starkregen zum nächsten Supermarkt, kaufe ein, und auf dem Rückweg bin ich schon bis auf die Haut durchnässt und der Reißverschluss, den ich so bewunderte, weil er nicht vernäht, sondern verschweißt ist, ist weder auf- noch zuzukriegen. Wütend und nass ziehe ich meinen Friesennerz an, den ich mal für 39 Euro in einem Fachgeschäft für Arbeitsbekleidung gekauft habe und der keinen Regen, aber natürlich auch keine Luft durchlässt, so dass man nach einer Weile zwar nicht vom Regen, dafür aber von den eigenen Ausdünstungen durchnässt ist. Ich frage mich kurz, ob man nicht in Kauf nehmen sollte, bei Regen nass zu werden ... Die Kaufhausdamen nehmen das kaputte Ding umstandslos zurück und ich muss wieder von vorn anfangen.

Ich achte von nun an genauer darauf, was meine Mitbürger tragen. Und achtet man erst mal auf etwas, begegnet es einem überall. Keiner, der hier draußen ungeschützt herumliefe. Keiner, der sich nicht vor den Stürmen des Lebens und der Unbill des Wetters von Kopf bis Fuß eine Wolfshaut zugelegt hätte. Früher wunderte ich mich darüber, dass es so viele *taz*-Leser gab, die sich öffentlich dazu bekannten, bis ich endlich kapierte, dass es zwei verschiedene Tatzen-Logos gibt. Ich bin mir heute sicher, dass jeder Deutsche mit geregeltem Einkommen wenigstens ein Teil von Jack Wolfskin besitzt, wenn nicht gar die ganze Kopf-bis-Fuß-Montur. Ich habe mich dann auch gefragt, wie wohl der Werbeslogan von Jack Wolfskin – »Draußen zu Hause« – bei den Obdachlosen in meiner heimischen Berliner Fußgängerzone ankommt. Meine Mitbürger stapfen jedenfalls mit diesen polaresken Ausrüstungen durch die Einkaufsstraßen und essen Eis oder kaufen noch mehr polareskes Zeug ein. Wer weiß, vielleicht führt der nächste Urlaub ja in die Antarktis? Außerdem ist es gut möglich, dass sich aus »Hiking Boots« und »Windbreaker Hoodies« Schutzschilde für Marssonden zusammenschweißen lassen. Die Jacken werden jedenfalls ihre Insassen überleben – und das nicht nur,

56

weil sie am Mount Everest dank Selbstüberschätzung fest-frieren –, so viel steht fest.

Sollte ich mir also doch eine Tatzen-Jacke für 300 Euro kaufen? Ich kalkuliere und probiere noch ein bisschen herum und komme schließlich doch darum herum. Die Fleecejacke, die ich mir am Ende kaufe, ziehe ich einen ganzen Winter nicht mehr aus, denn sie ist warm und so leicht, dass mir ein normaler Pullover dagegen vorkommt wie eine schwere Last, die auf meine Schultern drückt. Ja, ich fand es früher auch geschmacklos, in der Stadt mit diesem Sportzeug herumzulaufen, aber das ist lange her. Und wenn es regnet, ziehe ich eine dünne Regenjacke drüber, beide Teile gab es in unauffälligem Schwarz und für beide zusammen, ohne Tatze drauf, habe ich 100 Euro bezahlt.

Die Schuhe aber sind das Wichtigste: Wenn sie drücken oder zu locker sitzen und man bei jedem Schritt meint, auf eine Wurzel zu treten, oder dass man umknickt und den Weg mit verstauchtem Knöchel zurückhumpeln muss, sind's die falschen. Trotzdem kann man unterwegs alles sehen: hochhackige Pumps, Sandalen, Turnschuhe, Gummistiefel, den kleinen schwarzen Straßenschuh; ich schwöre jedoch auf knöchelhohe Wanderstiefel. Man muss sie anprobieren, sie nicht im Internet kaufen, ein bisschen darin herumlaufen, wissen, wohin man damit will. Während alle anderen Equipmentauszeichnungen und -spezifikationen in ihrer Vielfalt für den gemeinen Mittelgebirgsgänger meist uninteressant und überflüssig sind, sollte man sich hier den technischen Neuerungen nicht entgegenstellen. Goretex: schlichtweg ein Wunder, denke ich, nachdem ich trockenen Fußes durch einen Tag strömenden Regens und dichten nassen Gestrüpps gewatet bin. Kalte und nasse Füße sorgen bei mir für richtig schlechte Laune. Gut, Hunger auch, aber Proviant habe ich natürlich schon immer reichlich dabeigehabt.

Ich habe gleichzeitig einen Senk-, Spreiz- und Plattfuß, und zwar schon immer. Meine Füße haben ungefähr die Form von Tapirpfoten. Das erste Paar Wanderschuhe, das ich mir kaufte, fand ich in einem Laden namens McTrek, und ich wollte nicht viel Geld ausgeben. Ich probierte nicht groß rum, sondern entschied mich für ein Paar, das mir passte, von einer Markenfirma stammte und so im Preis gesenkt war, dass ich es mir leisten konnte. Erst nachdem ich ein paarmal damit unterwegs gewesen war, merkte ich, dass die Bequemlichkeit für meinen breiten Fuß auf Kosten der Stabilität ging: Ich hatte regelrecht das Gefühl, herumzueiern. Die Schuhe stehen immer noch fast wie neu in meinem Schrank.

Mit meinem zweiten Paar Schuhe war ich dann hochzufrieden. Sie waren leicht, irgendwie aus Kunststoff, hatten ein gutes Abrollverhalten, sie waren wasserdicht und ich hatte anderthalb Jahre mein Vergnügen mit ihnen. Danach war das Profil abgelaufen und das Obermaterial löste sich von der Sohle, so dass ich meine letzte Tour mit gekapptem Schnürsenkel laufen musste: Mit der anderen Hälfte des Schnürsenkels hatte ich nämlich den oberen Teil des Schuhs und die Sohle zusammengebunden. Seitdem wandere ich nicht mehr ohne Gaffa-Tape los. Das ist dieses breite, textilverstärkte Klebeband, mit dem man einfach alles flicken kann – spitze! Es widerstrebte mir, die Schuhe wegzuwerfen, hatte ich sie doch so schön eingelaufen, sie waren so bequem und leicht – und ich war auch ein bisschen stolz: »Mein erstes Paar durchgelaufener Wanderschuhe!« Sie waren allerdings nicht mehr zu retten. Ich hatte beim Kauf nicht darauf geachtet, ob die Schuhe wiederbesohlbar oder zwiegenäht waren: Diese Art Schuhe kann man nämlich neu besohlen lassen.

Mein drittes Paar nun kaufe ich schließlich nicht ohne stundenlanges Katalogwälzen und ebenso langes Anprobieren. Nach der Arbeit hetze ich in den Shop mit der größten Auswahl, ich habe noch genau eine Stunde Zeit, bis der Laden schließt. Zwanzig Minuten brauche ich allein, um mir von der Modellwand ein paar passende Schuhe auszusuchen, dann verschwinde ich in die Wände aus Kartons und muss nach einer langen Weile enttäuscht feststellen, dass Berg- und Wanderschuhe hier nicht gestapelt werden. Nur Turnschuhe und Sandalen. Irgendwie versuche ich die Aufmerksamkeit des Verkäufers auf mich zu lenken, der muss mir nämlich jeden einzelnen Karton aus dem Lager zur Anprobe holen. Es gelingt mir zehn Minuten lang nicht. Der Verkäufer ist versunken in die Beratung eines großfüßigen jungen Mannes mit wildem Iro, dem, als sich die Entscheidung endlich nähert, auffällt, dass er gar kein Geld dabeihat. Der Verkäufer will ihm das begehrte Paar zurücklegen und fragt – letzte Chance – nach seinem Namen. Er ist definitiv nicht Al Bundy, der das Schuheverkaufen hasst, sondern hat ganz offensichtlich Spaß daran, den ganzen Tag über schwitzige Männerfüße zu betasten. Aber ich werfe natürlich keinen Stein; solange das Strafgesetzbuch nicht berührt wird, lasset ruhig allen Perversionen freien Lauf, amen.

Nach getaner Arbeit an der einen Front, beginnt er nun also widerwillig, auch mich zu bedienen. Ich habe mir drei

Paar von der Modellwand herausgesucht und die will ich nun in jeweils zwei verschiedenen Größen anprobieren. Mir bleiben noch zwanzig Minuten, die müssen reichen. Ich werde den Laden nicht ohne Schuhe verlassen! Ich ziehe alle Paare nacheinander an und wandere rasch über den Parcours aus Felsen und Steinen und Holz, der zum Schuhetesten angelegt und zur Sicherung der Kundschaft mit einem kleinen Holzgeländer umrandet ist. Obwohl ich so gute Erfahrungen mit meinen leichten Goretex-Schuhen gemacht habe, lasse ich mich, nachdem der Verkäufer mir versichert, dass man jedes Teil daran reparieren könne, auf ein relativ schweres Paar Lederschuhe einer bayrischen Traditionsfirma ein. Der Ruf dieser Firma hat etwas von Ewigkeit. In ihrem Retrolook sieht mein neues Paar außerdem so aus, als hätte Luis Trenker es schon getragen und ich will es auf keinen Fall nach anderthalb Jahren wieder entsorgen müssen. Ohne mit der Wimper zu zucken, zahle ich also die 200 Euro und bekomme noch eine Dose duftenden Schuhwachses geschenkt.

Jetzt fehlen noch die Wanderhosen. Auch hier wird einem die Auswahl nicht leichtgemacht, die Farben variieren von lichtem Ocker über Umbra und Khaki bis hin zu Durchfallbräunlich-Grüngelblich. Eine schwierige Wahl, die mir jedoch dadurch erleichtert wird, dass ich Größe 48 trage (ja, mein Arzt nennt es auch anders) und sich damit die Auswahl auf Durchfallbräunlich-Grüngelblich beschränkt. Die Hose sitzt wie angegossen, ich werde einfach immer nur vorwärts schauen und nie an mir herunter, und sie hat innen auch noch ein Netz, eine Art Fütterung, die auf dem Label als »MESH-Gewebe« erläutert wird. Damit wird versprochen, dass ich es immer schön warm haben werde!

Obwohl, wenn ich mir so eine richtig knackige Winterwanderung vorstelle, stundenlang draußen bei niedrigen Temperaturen, reicht das nicht aus. Also kaufe ich mir zur Sicherheit lieber noch eine lange Unterhose dazu. Funktionsunterwäsche in XXL ist nicht sexy. Unerwarteterweise passt mir diesmal immerhin sogar das Frauen-XXL. Ich bin heilfroh, denn bei Männerunterhosen ist im vorderen Schrittbereich doch immer dieser funktionale Stoffbeutel eingenäht.

Der Verkäufer nimmt die Hose an der Kasse aus der Pappschachtel, in die ich sie wieder geknüllt hatte, und breitet sie über den ganzen Tresen aus, um sie ordentlich zusammenzulegen. Irgendwie sieht es jetzt so aus, als kaufte ich ein Not-Biwak für eine kinderreiche Familie. Die Hose kostet übrigens auch genauso viel.

Meine schon vorhandene, von Martin als mangelhaft eingestufte Camping-Ausrüstung besteht aus zwei Zweimannzelten, eines gab es bei Lidl im Sonderangebot, eines wird auch bei der Bundeswehr benutzt. Nicht *mein* Zelt natürlich. Es ist ja nicht so, dass alle paar Wochen jemand von der Bundeswehr bei mir klingelt und sagt, es ist mal wieder Manöver, wir brauchen Ihr Zelt, her damit! Ich meine *dieses Modell* wird auch bei der Bundeswehr benutzt. Es hat einen Boden und zwei Gestänge, die man mit Gummibändern ineinanderschiebt, dann über Kreuz in den Boden steckt und was herauskommt, wenn die Plane darüber liegt, nennt sich Iglu. Wenn es draußen kalt ist, ist es auch in dem Zelt kalt und wenn es draußen warm ist, ist es in dem Zelt eben warm. Während ich so über meine Zweimannzelte nachdenke, fällt mir ein, dass ich ja eigentlich nur ein Einmannzelt brauche. Wenn ich ehrlich bin, möchte ich alleine unterwegs sein. Ja, ich bin mir ganz sicher: Ich brauche kein Zweimannzelt, ich will ein Einmannzelt. Dazu kommt, dass die Zweimannzelte viel zu schwer sind. Drei- und viereinhalb Kilo – das ist zu viel für meinen Rücken.

Ich beschäftige mich also mit leichten Zelten, gemäß meinem neuen Ultraleicht-Handbuch gibt es einige Anbieter, die sich auf solche spezialisiert haben. In einem Katalog finde ich eines: Es ist 1,5 kg leicht und kostet 400 Euro. Ich schlage den Katalog wieder zu und schalte den Computer an. Ich lande per Internet auf einer amerikanischen Homepage, die Firma heißt Gossamer Gear. Sie bietet ein Zelt an mit dem Namen »The One«, es wiegt nur 400 Gramm – Wahnsinn! In einem Video erklärt ein Mann, wie man es aufbaut. Das sieht kinderleicht aus. Es hat kein Gestänge, man benutzt die Trekkingstöcke zum Aufbau. Das gefällt mir, die Nordic-Walking-Stöcke habe ich ja sowieso immer dabei. Ich bestelle es also mit meiner Kreditkarte übers Netz und warte.

Nach ein paar Wochen liegt eine Nachricht im Briefkasten, dass UPS mir das Zelt nur gibt, wenn ich ihnen noch 100 Euro zahle. Das Zelt selbst kostet schon 270 US-Dollar. Ich rufe verwirrt bei UPS an: »Die 100 Euro sind Zollgebühren.« Eine nette Frau schickt mir per E-Mail ein amtliches Schreiben, das viele verschiedene Zahlen aufführt, attraktiv bestempelt wurde und am Ende tatsächlich fast 100 Euro aufweist. Ich rufe beim Zoll an: »Die von UPS verlangten 100 Euro sind korrekt, es handelt sich schließlich um ein Sportgerät aus technischen Kunstfasern, das Sie da importieren lassen wollen.« Aha. Ich setze mich mit Gossamer Gear in Verbindung: »Wir haben nichts mit den

Einfuhrzöllen dieser Welt und ihrer Staaten zu tun.« Ich verstehe das. Ich will das Zelt, ich zahle alles. Ich packe also endlich mein Zelt aus, es sieht aus wie eine von den großen blauen IKEA-Taschen, hat nur viel mehr Nähte und ist aus einem leichteren Material, ich zerre vorsichtig dran herum, es scheint stabil zu sein. Ich übe den Zeltaufbau, den der Mann im Video demonstriert hat, zu Hause. Es geht ganz gut. Mein Zimmer ist zwar ein wenig klein, aber dafür sind die Fugen zwischen den Dielen schon so tief ausgepult, dass ich ohne großen Aufwand sogar die Heringe einschlagen kann. Wie schön, wie imposant meine neue Behausung ist! Ja, sie riecht ein bisschen komisch und raschelt sehr laut, aber in der freien Natur, wohin es mich unvermeidlich zieht, wird sich das verlieren.

Was ich jetzt noch brauche, ist eine Schlafmatte und ein Schlafsack und ich bin mir sicher, dass ich sie nicht in den USA bestellen werde. Meine Erfahrung mit selbstaufblasenden Matten habe ich hinter mir. Außerdem sind sie »kaputtbar«. Da ich noch nie besonders pfleglich mit meinen Sachen umgegangen bin, kann ich diese Produktart für mich schon mal ausschließen. Die Hersteller haben auch noch die guten alten Isomatten im Angebot, Schaumstoffmatten, die man einfach so, wie sie sind, auf dem Boden ausrollen kann. Ein überzeugendes Konzept, wie ich immer noch finde. So eine grüne alte Matte besitze ich sogar noch. Ab und zu breite ich sie zu Hause aus und versuche mich an die Rückenübungen zu erinnern, die uns auf der Kur beigebracht worden waren. Da wäre zum Beispiel die Progressive Muskelentspannung, bei der wir in Trance mit Urwaldvogelgeschrei auf ähnlichen Matten in der Turnhalle herumlagen. »Spüren Sie jeden einzelnen

Muskel, jeden einzelnen Wirbel, wenn Sie sich wieder auf die Matte legen« – an diesen Rat meines Trainers in dem Kurs muss ich immer denken, wenn ich jeden einzelnen Muskel, jeden einzelnen Wirbel spüre, nachdem ich wieder acht Stunden im Büro gesessen habe.

Auf diesen Matten haben wir auch die Wirbelsäulengymnastik durchgeführt, die meist zur Folge hatte, dass ich vor allem das Blut in meinem Kopf rauschen hörte. Dass man auf solchen Matten herrlich schlafen kann, bewies mir in diesen Stunden regelmäßig mein Nachbar, der sich so progressiv entspannte, dass sein Schnarchen der Trance-Mucke ein rhythmisches Gerüst gab. Ich habe also vollstes Vertrauen in diese Isomatten, die ich nicht kaputttreten oder -stechen kann und muss mich nur noch für eine Stärke entscheiden: Je größer die Stärke, desto sperriger das Monstrum, das man beim Zusammenrollen erschafft. Ich entscheide mich für eine 1,4 cm dicke Matte, das muss reichen.

Wie sehr die Ausrüstung die Reiseumstände bestimmt, erfährt man aus den Aufzeichnungen von Robert Louis Stevenson, der im Jahre 1878 eine Reise zu Fuß durch die Cevennen unternahm. Damals gab es bekanntlich noch keine Outdoor-Geschäfte, in denen man sich seine Ausrüstung einfach zusammenkaufen konnte, also kam der noch unbekannte Schöpfer der *Schatzinsel* auf die Idee, sich eine Art Schlaf-Biwak-Sack anfertigen zu lassen. In der französischen Kleinstadt Le Puy tat er einen Handwerker auf, der ihm das Sechs-Fuß-im-Quadrat große Gebilde anfertigte. Umgerechnet sind das etwa 190 mal 190 Zentimeter. Er nannte es »Schlafsack«, dessen Außenhaut bestand aus einer grünen Wagenplane, sein Inneres ließ

Stevenson mit Schaffell füttern. Der Sack war so schwer, dass Stevenson sich ein Lasttier für seine Wanderung besorgen musste. Seine Wahl fiel auf einen Esel. Auf ein Zelt verzichtete er ganz und gar, weil er nicht jedem neugierig Vorübergehenden auffallen wollte. Zelte müssen demnach damals ziemlich groß gewesen sein.

Da ich nur auf mich selbst als Lasttier zurückgreifen kann, bin ich ganz froh, dass meine Ausrüstung nun um ein Vielfaches leichter ist. Es gibt eine Schlafsack-Marke, die High-End-Produkte herstellt, deren Fertigung in Ostdeutschland beheimatet ist. Sie konstruieren dort einen der leichtesten Daunenschlafsäcke der Welt, natürlich auch zu High-End-Preisen. Auch in diesem Fall will ich nicht nur für einen Schlafsack wochenlang arbeiten gehen müssen und schaue mich also vorher ein bisschen um. Vielleicht tut's ja auch ein Kunstfaserschlafsack? Was ich wirklich gar nicht gut vertrage, ist, zu frieren. Im Vergleich zu anderen Frostbeulen besitze ich immerhin eine natürliche Isolationsschicht und so schnell wird mir also nicht kalt. Aber wenn es dann so weit ist, ist meine Laune richtig mies. In zu engen Schlafsäcken kann es auch passieren, dass ich schnell klaustrophobische Anwandlungen bekomme, und außerdem bin ich nicht jemand, der in der gleichen Haltung aufwacht, in der er eingeschlafen ist. Ich werfe mich nachts gerne hin und her. Punkt.

Im Katalog ist zu jedem Schlafsack eine Temperaturskala angegeben, die muss ich erst entziffern lernen. Diese Werte werden an sogenannten Standard-Körpern gemessen, es gibt den Standard-Mann und die Standard-Frau, also muss ich die Temperaturen doch mit Faktor X auf meine Körpermaße umrechnen, oder was habe ich mit einer 1,60 Meter großen Frau, die 60 Kilo wiegt, gemein? Vielleicht, dass ich mit elf Jahren mal diese »Standardmaße« aufwies? Jedenfalls ist es gut, dass sich die verschiedenen Produkte dank dieser EU-Norm vergleichen lassen, auch wenn der maßgebliche Standard-Körper eine Herausforderung für mein Abstraktionsvermögen darstellt. Aber werde ich im Winter campen gehen? Wohl eher nicht. Damit fallen schon mal die Schlafsäcke der oberen Preiskategorie mit Temperaturskalen bis zu minus 40 Grad Celsius weg.

Wobei die Extremtemperatur für den Fall vermerkt ist, nicht im Schlafsack zu erfrieren, die sogenannte Komforttemperatur wird mit dem kleinsten Wert angegeben und ist folgendermaßen definiert: »Die Standard-Frau friert gerade noch nicht«. Für mich ist das eine völlig neue Deutung des Begriffs »Komfort«, Geradenochnichtfrieren – darauf wäre ich nie gekommen. Es hört sich natürlich auch viel besser an, diesen Wert Komforttemperatur zu nennen statt Geradenochnichtfriertemperatur. Und da ich zwar einerseits nicht der Standard-Frau entspreche, aber auch weiß, dass sich ein deutscher Sommer wie ein mediterraner Winter anfühlen kann, konzentriere ich mich auf die Auswahl der 3-Jahreszeiten-Schlafsäcke, wobei der Winter aus dem Jahreszeitenreigen herausgenommen ist. Vielleicht lassen sich nicht alle Werte immer auch in einen anderen Zusammenhang bringen, aber dass das Vokabular des Outdoor-Bereichs oft etwas ganz anderes meint als das des Drinnen-Lebens, da kann man sich sicher sein.

Tatsächlich finde ich dann nach längerem Suchen einen Daunenschlafsack, der ein Drittel von dem High-End-Teil meiner Anfangsrecherche kostet und der noch dazu schön leicht ist.

Ein unverzichtbares Teil besitze ich bereits, ich nenne es »die Überlebensdecke«. Sie hat mich schon an unzähligen kalten Abenden, in kalten Nächten und an nebelfeuchten Morgen warmgehalten. In Outdoorläden gibt es sie nicht zu kaufen, die Gewinnmarge muss lächerlich klein sein. Die Decke kostet zwei Euro und man findet sie oft vorn an der Kasse von Billig-Möbelhäusern, gestapelt in großen Gitterboxen. Gastronomen kaufen sie im Dutzend, um ihre Gäste im Sommer auf den Stühlen im Freien zu halten. Diese Kunstfaserdecken sind nicht nur extrem billig, sondern auch extrem leicht und halten wirklich eine ganze Menge Kälte ab. Auf Zugfahrten eignen sie sich außerdem hervorragend als Kopfkissen oder eben als Decke, wenn die Klimaanlage mal wieder falsch eingestellt ist. Der Dienst, den dieses kleine Stück weiterverarbeitetes Erdöl leistet, hat mir die »Überlebensdecke« als Reiseequipment lieb und teuer werden lassen.

Fürs Erste fühle ich mich also gut gewappnet. Nur die Rucksackfrage muss noch geklärt werden. Dieses Teil soll richtig sitzen, also kommt ein Internetkauf für mich nicht in Frage. Diesmal wage ich mich zu Globetrotter. Einen Rucksack muss man aufsetzen, der muss sich gut anfühlen und er sollte nicht zu schwer sein, das waren meine Kriterien. Selbstverständlich ist »der Rucksack« ein eigenes Fachgebiet in der Outdoor-Welt, aber da ich mittlerweile ein erfahrener Einkäufer bin, bereite ich mich darauf vor wie auf eine Zwischenprüfung, um das Verkaufsgespräch zu überstehen. Es gibt ganz kleine Rucksäcke, mit denen sich nur eine Wasserblase transportieren ließe, gut für den Extremsportler, der entweder die Hände nicht frei oder keine Zeit hat, den Rucksack abzusetzen, um sich mittels eines Schlauchs während seiner Extremtätigkeit Flüssigkeit aus diesem zuzuführen. Und es gibt Rucksäcke in einer Größe, um die Ausrüstung einer kompletten Familie für mehrere Monate durch die unwirtlichen Gebiete Skandinaviens mitzuschleppen und die schon leer die Hälfte des Gewichts wiegen, das mein bepackter Rucksack als Maximalgrenze hat.

Wie immer steht am Anfang die Gretchenfrage der Outdoor-Industrie: »Wofür brauchen Sie denn die Ausrüstung?«, und ich versuche, dem Verkäufer meine Ziele zu beschreiben. »Das, was Sie vorhaben, scheint etwas zwischen Wandern und Trekking zu sein«, erfahre ich. »Aha«, sage ich und beschließe gleichzeitig, mir schlaue Kommentare in Sachen Rucksackzwischenprüfung einfach zu sparen. Der Verkäufer rät mir zu einem 50-Liter-Rucksack, der zwar für eine Tagestour zu groß, für eine kleine Trekkingtour jedoch gerade ausreichend sei. »Aha«, sage ich wieder und bin hoffnungsfroh. Doch dann fügt er hinzu: »Jetzt müssen Sie sich nur noch für die notwendigen Extras entscheiden.«

Mit Rückenkühlung oder ohne?, in welcher Klimazone bewege ich mich überhaupt?, wird es die ganze Zeit über regnen?, denn nur ganz wenige Exemplare sind wasserdicht und diese dann auch gleich wieder schwerer als der Rest, aber es lohnt sich eben, wenn man in Feuchtgebiete fährt, nichts ist schlimmer als ein nasser Rucksack, weil ja der Schlafsack darin ist und dann sowieso überhaupt alles nass wird und ob ich schon mal eine Nacht in einem nassen Schlafsack verbracht hätte?, was ich verneine und dadurch in seinen Augen zum absoluten Greenhorn avanciere, obwohl ich eigentlich ganz froh bin, noch nie in einem klitschnassen Schlafsack gelegen zu haben, und überhaupt will ich schon fragen, wozu er denn in den nassen Schlafsack steigt, wenn der nur noch kühlen statt wärmen kann?, aber da wechselt er zum nächsten Detail, das es beim Rucksackkauf zu beachten gibt: den Hüftgurt.

Ich muss davon ausgehen, dass sein Arbeitgeber ihm ein Fortbildungsseminar »Hüftgurt« gesponsert hat, um sich an seinem ansonsten freien Wochenende mit anderen Experten zum Thema auszutauschen. Er will gerade wieder in Fachsimpelei verfallen und mir etwas von verstellbaren Winkeln erzählen, Physik und so, da sage ich: »Guter Mann, mich interessieren nur zwei Dinge: Erstens: Kriege ich den Hüftgurt überhaupt zu? und zweitens: Soll ich ihn über oder unter meiner Bauchspeckrolle tragen?« Vor dieser Art Realismus kapituliert mein Verkäufer. Ich fische mir einen hellblauen Rucksack von der meterlangen Rucksackwand, wiege ihn ab und befinde das Ergebnis von 1,1 Kilogramm als im wahrsten Sinne des Wortes tragbar.

Ich bepacke den Rucksack zur Probe mit Gewichtssäcken, laufe damit im Laden herum und überprüfe so seinen Sitz auf dem Rücken. Ich finde nichts Störendes und mir wird der Rucksack richtig sympathisch. Das Geheimnis der tausend Schnüre und Züge, die sich an ihm befinden, beschließe ich zu Hause und in Ruhe zu ergründen. Am liebsten möchte ich auch gleich los, alles ausprobieren. Als Beginn für die Trainingsphase wähle ich das nahe, mir vertraute, wenn auch völlig wanderuntaugliche Berliner Umland.

Ich fahre ins Berliner Umland

Die Berliner Tageszeitungen sind voll mit diesen Umland-Ausflugstipps für den gestressten Großstädter. Die erste Hürde ist: aus Berlin herauskommen. An schönen Sommersonnenwochenenden befinden sich folgende Spezies in einem durchschnittlich überfüllten Regionalexpress, der aus Berlin, egal ob nach Norden, Süden, Osten oder Westen, herausfährt: sich um Plätze prügelnde Mütter, vor Scham hochrotköpfige Väter, lallende, nach durchgemachter Nacht stinkende Jugendliche, Senioren-Kegelclubmannschaften in T-Shirts mit Vereinslogo und heulende Kinder auf Knie- und Hinternhöhe, mit denen Kegeln gespielt wird. Die Decke der Zivilisation ist dünn.

Die Wälder und Seen rund um Berlin sind im Prinzip schön, die gut erreichbaren jedoch völlig überlaufen, die abgelegenen nur in einem Tagesausflug zu schaffen. Ich habe übrigens auch herausgefunden, warum es Tagesausflug heißt: Zahlreiche S-Bahn-Ausfälle und Schienenersatzverkehre auf den beliebten Regionalbahnstrecken führen nämlich dazu, dass man auch zu Orten, die nur 50 km weit von Berlin entfernt sind, jeweils zwei bis drei Stunden Fahrtzeit braucht. Und das galt erst für die Hintour. Also ist man, sagen wir in die Märkische Schweiz, unter ungünstigen Umständen glatte sechs Stunden hin und zurück unterwegs. Und das wiederum macht die Sache eben zu einem Tagesausflug, der aber nicht bedeutet, den ganzen Tag vergnügt im Grünen herumzuwandern, sondern fast den ganzen Tag in Zug, Bus oder an Haltestellen zu verbringen. Dabei muss man höllisch aufpassen, nicht den letzten Schienenersatzverkehrbus aus der gewählten Kleinstadt zu versäumen, denn dann sitzt man richtig fest. Wohl dem, der Freunde mit Auto und Zeit hat, die ihn aus dem märkischen Sand ausgraben, in den er sich rumpelstilzchenhaft vor Wut hineingestampft hat.

Hier nur ein summarischer Überblick über diverse Verhinderungen der letzten Sommerwochen: Baumaßnahmen auf der Strecke, daraus folgender Schienenersatzverkehr, Brandsätze am Gleisnetz, ergo Komplett-Stillstand, ein umgestürzter Baum sowie: Der S-Bahn standen nicht genügend Wagen zur Verfügung, um das Passagieraufkommen zu bewältigen.

Wenn man dann endlich den Speckgürtel Berlins verlassen hat und in der Natur angekommen ist, findet man sich üblicherweise in einer Kiefern-Monokultur wieder, die einen Truppenübungsplatz verdeckt bzw. an einem See, der zwar groß ist, aber von undurchdringlichem Schilf und Feuchtgebieten eingeschlossen. An seinem doch ansehnlichen sieben Kilometer langen Ufer verfügt der See immerhin über drei Badestellen, die aus einer dicht von Menschen und Mücken besiedelten Sandkuhle bestehen oder aus einem Steg, der von der örtlichen Datschengemeinschaft errichtet worden ist und demzufolge auch nur von dieser genutzt werden darf. Darauf weisen so viele Schilder hin, dass die Anzahl der schilderbedeckten Quadratmeter höher ist als die Quadratmeter Seezugang. Die Idylle ist schwerstens umkämpft und im Sommer gibt es absolut keine Chance auf ein Plätzchen, wenn man nach mehreren Stunden Fahrt endlich angekommen ist. Sobald es aber nieselt und die Temperatur auf zwölf Grad Celsius fällt, hat man große Chancen, dass die Sandkuhle wie leergefegt ist. Von Menschen, von den Mücken leider nicht. Die fühlen sich in den kleinen Naturschutzgebieten nämlich richtig wohl. Am Montagmorgen zurück im Büro grübeln die Kollegen dann drüber nach, welch seltene Form von Spätpubertät einen ereilt hat, weil die Haut aussieht wie die eines streuselkuchigen Teenagers. Man klärt dann trotzig auf, dass man im Grünen war und dass es schön war.

Aber ich bin ja unerschrocken. Außerdem habe ich so viel neues Outdoor-Zeug eingekauft, dass es schlicht auf einen Praxistest drängt. Mit meinem 270-US-Dollar-plus-100-Euro-Zoll-Zelt mache ich mich also auf. In meiner durchfallbräunlich-grüngelblichen Wanderhose mit dem MESH-Gewebe ist mir ein bisschen warm. In diesem Sommer klettern die Temperaturen schon mal auf 30 Grad. Ich habe wohl das Wintermodell erwischt. Hilft alles nichts, denn aufgrund der Ultraleicht-Gewichtsrestriktion meines Rucksacks habe ich nur diese eine Hose dabei. Obwohl ich nur das Nötigste eingepackt habe, wiegt der Rucksack mit Proviant und einer vollen Flasche Wasser immer noch zehn Kilo. Das ist nicht viel für einen gesunden Rücken, doch ich merke bei jedem Schritt, wie sich meine Nacken- und Rückenmuskulatur verkrampft und die Wirbel aufeinanderklackern. Ich will doch ein richtiger Trekker sein und von Station zu Station laufen, abends mein Zelt aufschlagen, ein Feuerchen anmachen, mir eine warme Mahlzeit kochen und in meinen Schlafsack kriechen! Das kann ich vergessen.

Ich suche mir also einen Zeltplatz und baue meine IKEA-Tasche auf. Die Nordic-Walking-Stöcke benutze ich als Zeltgestänge, was auch wirklich ganz gut funktioniert, nachdem ich zwei Kuhlen in den trockenen Boden geschabt habe. Irgendwann steht das Zelt. Erst jetzt bemerke ich den Fehler im Konzept: Wenn meine Stöcke das Zelt stützen, kann ich sie nicht zum Wandern benutzen. Hmm. Egal, jetzt habe ich erst mal Hunger. Den Kocher anzuschmeißen, ist mir zu umständlich. Ich esse von dem mitgebrachten Schinken und Brot. Kauend und hochzufrieden betrachte ich mein Werk. Die Zeltplane raschelt im Wind. Süß, ein kleines schwarzes Kätzchen streift durch das knöchelhohe Gras.

Gut gesättigt mache ich mich auf, die Umgebung zu erkunden. Die letzte Eiszeit hat vor allem eins hinterlassen: Hunderte Pfützen, also Seen, wie sie die Berliner nennen. Sie gliedern das Brandenburger Land in Wasser und Sand. Drumherum Kiefern. Kiefern. Nichts als Kiefern. In Charlottenburg-Wilmersdorf herrscht dagegen baumsortentechnisch eine borneonische Urwaldvielfalt. Haben sich ein paar tapfere Birken erfolgreich gegen die Monokultur behauptet und stehen vereinzelt am Bahndamm herum, wird dieses Ereignis gleich im Ortsnamen festgehalten, zum Beispiel in Birkenwerder. Ich spaziere also um so einen See. Durch einen Kiefernwald – wie sollte es anders sein? – führt ein schmaler Pfad um das Gewässer herum, an den meisten Stellen ist der Weg schlammig. Ich setze mich in eine klitzekleine Badebucht, um etwas zu essen.

Es nähern sich zwei Angler in einem Kahn, der komischerweise klirrt. Ich höre auch das leise Plätschern des Wassers beim Ein- und Auftauchen der Riemen, aber je näher sie kommen, desto deutlicher wird das Klirren. Sie steuern genau auf meine klitzekleine Badebucht zu und legen am Steg an. Das Aussteigen gestaltet sich schwierig. Das Boot schwankt hin und her und die beiden Angler auch. Ich erhasche einen Blick in das Boot und jetzt erklärt sich mir auch das Klirren: Auf dem Boden liegen Dutzende Bierflaschen und zwei leere Flaschen Apfelkorn. Ich mache mich auf einen dummen Spruch gefasst, aber besser als kontern ist manchmal angreifen: »Und, was gefangen?« Der eine Angler deutet auf den Eimer, den er in der Hand hält, »Barsch«, sagt er. Nach dieser ausschweifenden Konversation setze ich meinen Weg fort und lasse die beiden lieber in Ruhe, die schwer damit beschäftigt sind, in ihrem angesoffenen Zustand das Angelgerät und die Rucksäcke heil an Land zu bringen.

Nach der Seeumrundung kehre ich im Dämmerlicht auf den Zeltplatz zurück, mein Zelt sieht ganz heimelig aus. Ich habe es unter zwei Kiefern aufgestellt und zwischen den Stämmen eine Schnur gespannt, auf der meine Socken trocknen können. Jetzt einen schönen warmen Tee! Wenn die Sonne weg ist, wird es nämlich ziemlich kalt. Ich knie mich vor den Eingang, um das nötige Equipment herauszuholen. Das schwarze, kleinlöchrige Gewebe, das durch drei Reißverschlüsse noch mühsam am Rest des Zeltes hängt, ist völlig zerrissen. Das war meine innere Zelthülle, die mich vor Insekten schützen sollte. Jetzt sieht sie aus wie Dresden nach dem Angriff. Ich bin verwirrt. Hier gibt es doch gar keine so großen und aggressiven Insekten. Vorsichtig wühle ich mich durch die Klamottenhaufen, überprüfe meinen Schlafsack, meinen Rucksack, immer darauf gefasst, dass sich gleich etwas Großes, Ungeheures daraus erheben und mir seine gefletschten Zähne zeigen wird. In dem Wust finde ich schließlich die Schinkenpackung – leer! –, die ich vorhin angefangen hatte. Das kleine, süße Kätzchen – ich verstehe.

Ich wende mich an die Dame an der Zeltplatzrezeption und erzähle ihr von meinem nagelneuen Zelt und seinem jetzigen Zustand. Sie beugt sich nach unten und kramt nach einem Ordner, sucht Unterlagen, einige der Blätter sind schon ziemlich vergilbt. Mit monotoner Stimme liest sie vor: »Diebstahl, Blitz, Hochwasser, umstürzende Bäume, herabfallende Äste, Steinschlag, Lawinen. Das ist drin in der Versicherung«, sagt sie. Und fügt hinzu »Katzen nicht.« Das nennt man dann wohl »Lehrgeld zahlen« – nie wieder werde ich outdoor Essen liegenlassen. Da habe ich bei Bill Bryson so viel über bärensichere Container gelesen, die man sich am Appalachian Trail für seinen Proviant besorgen solle, weil sonst ein Aufeinandertreffen mit den wilden Bestien unvermeidlich sei, und ich scheitere schon an der Zeltplatzkatze! Zu Hause setze ich mich hin und nähe in mühevoller Kleinarbeit das schwarze Gewebe wieder zusammen. Am Ende sieht das Zelt immer noch aus wie eine IKEA-Tasche, aber nun besitzt es ein Gesicht wie Frankensteins Monster, meine Nähte sehen aus wie wulstige Narben. Trotzdem kann ich mich sicher nie mehr von ihm trennen, schon jetzt haben wir zu viel miteinander erlebt.

Trotz dieser etwas entmutigenden Erfahrung bin ich wild entschlossen, meine Wanderkreise auszudehnen. Je besser ich wieder zu Fuß unterwegs bin, desto größer wird mein Wunsch, meinen Aktionsradius zu erweitern. Ich mache mich im Netz auf die Suche und stoße auf die Seite des Deutschen Wanderverbands: wanderbares-deutschland.de. Wander-Deutschland ist fest in den Händen von Verbänden und Vereinen und diese haben zudem ein Faible für Wortspiele. Allerdings habe ich auf meiner ersten verunglückten Trekkingtour auch gelernt, dass Brot und Schinken vielleicht nicht die ideale Proviantwahl darstellen. Auch diesem Topos wird sich die Wanderindustrie zugewandt haben.

Was soll ich essen?

Ich blättere in den Outdoor-Katalogen zu den Kochern. Empfohlen wird ein Gerät namens »WhisperLite«, das ich mir ohne Wörterbuch mit »Leichtflüsterer« übersetze. Richtig, eine bös-fauchende Kochmaschine will ich auch nicht haben. Ich sehe mir das Teil genauer an, es funktioniert mit Benzin und kostet über 100 Euro. Der Vorteil gegenüber herkömmlichen Gaskartuschen ist, dass der Kocher damit auch unter null Grad Celsius gut funktioniert. Will ich wirklich bei unter null Grad draußen kochen? Das glaube ich mir selbst nicht. Mir gefällt ein kleiner Esbit-Kocher, gerade so groß wie ein Big Pack Zigaretten. Er kostet zehn Euro. Ich kaufe ihn. Mein Balkon zu Hause ist offen, hat einen gekachelten Fußboden und ist damit wie geschaffen für Campingkochtests. Ich stelle einen Topf Wasser auf den Esbit-Kocher. Ich zünde die Esbit-Tabletten an. Ich sehe dabei zu, wie sie zu schwarzen Häufchen verbrennen. Ich prüfe mit dem Finger die Wassertemperatur. Kein Grad wärmer. Ich schiebe frische weiße Esbit-Tabletten auf die schwarzen Reste. Der Kocher ist klein. Ich verbrenne mir die Finger. Ich kühle sie in dem Wasser, das sowieso nicht wärmer wird. Ich mache das ganze Päckchen Brenntabletten alle. Das Wasser hat sich nach 40 Minuten um zwei Grad Celsius erwärmt.
  Fruchtriegel muss man nicht kochen. Von ihrer silber-

nen oder goldenen Verpackung glänzen mir Wörter wie
»Power«, »NaturalEnergy«, »ProteinPlus«, »Ride« entgegen. Sie versprechen eine neue Lebensqualität. Man
scheint sich bis zum Bersten mit gesunden Stoffen voll-
pumpen zu können: Mineralien, Vitamine – geschenkt!
Das kann jeder. Hier tauchen Begriffe auf wie isotonisch,
biokardial-erneuernd. Ich nehme eine Handvoll aus den
Displays, die in den Outdoor-Shops in der Nähe der Kas-
sen aufgestellt sind. Ich glaube, in Supermärkten werden
die »Kinderfängerregale« oder so ähnlich genannt. Kinder
werden nämlich hier unter perfidem Ausnutzen ihres ent-
wicklungsbiologischen Zustandes dazu gezwungen, Mutti
noch einen Schokoriegel oder Lolli in den Einkaufskorb zu
werfen. In ebendiesem mentalen Zustand kaufe ich von
jeder Riegelsorte ein Stück.

Meine Oma pflegte Westschokolade in ihrer Nacht-
tischschublade aufzubewahren und steckte mir immer
etwas davon zu, wenn ich zu Besuch war. Die Schokolade
schmeckte, wie die Schublade roch. Sie hatte einen modri-
gen Grundcharakter mit Explosionen von Penaten-Creme
am Gaumen und einem langen Abgang von Franzbrannt-
wein. Irgendwie versetzen mich die meisten der Power-
riegel in diese geschmackliche Steinzeit zurück. Zudem
zerbröckeln sie komisch im Mund. Einige darunter schme-
cken wie eine Mischung aus altem Obst mit Schuhsohlen.
Sie alle haben unglaublich viele Kalorien. Erschwerend
kommt hinzu, dass ich eigentlich nicht sonderlich gerne
Süßes esse. Meine Ernährung beruht im Grunde auf den
»drei großen Bs«: Bier, Brot und Buletten. Anfangs meinte
ich, dass das Draußen anders werden würde, dass ich an
der frischen Luft auf mein bewährtes Ernährungsmuster

verzichten könne. Aber dem ist nicht so, ich mag auch im Draußen nichts Süßes. So bringe ich die Riegel, die ich gut erreichbar in die Seitentaschen meines Rucksacks stopfe, regelmäßig von meinen Wochenenden wieder zurück. Da die Riegel auch nicht billig sind und sie meist nur ein Jahr haltbar sind, stecke ich sie trotzdem immer wieder ein. Irgendwann kann ich durch die Verpackung hindurch fühlen, dass sich die Riegel in ihre sämtlichen biokardialwirksamen Bestandteile zerlegt haben. Ich schmeiße sie schweren Herzens weg.

Der einzige herzhafte Snack, den ich finden kann, nennt sich Beef Jerky und besteht aus getrocknetem Rindfleisch mit irgendeiner Spicy Sauce. Ein Fingerhut davon kostet 3,99 Euro, also auch keine Lösung. Stattdessen kaufe ich mir dunkles Brot, das es auch ganz praktisch in kleinen Packs gibt, und Minisalamis oder kleine Knacker, die unterwegs meinen Hunger auf Herzhaftes stillen.

Ganz will ich das Kochen aber nicht aufgeben. In Berlin gibt es, neben dem Lifestyle-erlebnisparkmäßigen Ausrüstungsladen mit Kanubecken, Kühlkammer und Kletterwand, der so groß ist wie ein halbes Stadtviertel, noch zahlreiche kleine Ausrüstungsläden. Einer davon liegt auf dem Weg zu meiner Arbeit, aber im Vergleich zu dem Mega-Store wirkt er ziemlich karg. Die Verkäufer hier tragen gerne Stirnbänder und Fleecepullis und sind schon ein wenig betagter. Sie haben auch Outdoor-Erfahrung, nur gehen sie an ihren Wochenenden nicht bouldern und trekken, sondern klettern und wandern, und in den langen Sommerferien reisen sie um die Welt. Als ich in meiner knappen Mittagspause dort aufschlage, weil ich diese Tüten mit den teuren Fertiggerichten kaufen will, die ich im Katalog des Mega-Stores gesehen habe, sieht mich der Verkäufer mit den langen Haaren unter seinem Stirnband mitleidig an. »Du, die haben wir hier schon lange nicht mehr, das ist doch bloß Geldschneiderei. Kannst in jeden Supermarkt gehen und dir dort die Tütensuppen oder Fertiggerichte holen, das ist viel billiger, die kosten so zwischen 99 Cent und 2,99 Euro, da sparst du pro Mahlzeit mal locker vier bis sechs Euro.« Das sehe ich ein, obwohl ich mich andererseits schon sehr drauf gefreut hatte, alle Geschmacksrichtungen des High-Tech-Trekking-Foods durchzutesten. Gut, die kosten im Schnitt sieben Euro die Tüte, dafür war aber auch ein bisschen Himalaya auf dem Etikett.

Ich plane meine Route

Ich bin das, was man einen Orientierungsidioten nennt. Ich verlaufe mich im Supermarkt. Wenn ich in der großen Stadt Berlin, in der ich wohne, mit der Bahn oder dem Bus von A nach B muss, fahre ich den Weg über eine Strecke, die ich bereits größtenteils kenne und drucke mir die Anschlüsse, die mir noch unbekannt sind, von Google Maps aus. Wenn ich zum Beispiel am Berliner Hauptbahnhof bin und von der S-Bahn in den Fernzug umsteigen will, lande ich regelmäßig auf dieser einen Rolltreppe, die ins Nichts führt.

Für das Umland langte gerade noch die Wochenendbeilage der *Berliner Zeitung* mit ihren Ausflugstipps, aber als Nächstes möchte ich den wilden Harz bezwingen, da ist es unabdingbar, dass ich vor einer Wanderung das verfügbare Kartenmaterial wälze, mir eine Route überlege, einen Wanderführer kaufe und alles gründlich studiere. Dank meiner paramilitärischen DDR-Ausbildung weiß ich etwas mit Karten anzufangen und könnte zur Not sogar einen Kompass ablesen. Einen offenen Bruch könnte ich auch schienen und einen ABC-Schutzanzug (Schutz vor atomaren, biologischen und chemischen Kampfstoffen) inklusive Gasmaske in weniger als einer halben Minute anlegen. Doch diese Fähigkeiten muss ich für meine Wanderung nicht auffrischen. Der Kalte Krieg ist vorbei und die zeitgemäßen terroristischen Anschläge konzentrieren sich nicht gerade auf Berghütten oder Provinzhotels.

Mittlerweile gibt es zwar überall GPS-Geräte, Landkarten mit GPS-Daten und Satelliten, die sich nicht irren, aber ich bin da sozusagen old school und kaufe einen soliden Kompass, der gut in der Hand liegt. Ich besitze auch nur ein unsexy Handy, weil ich mit ihm nur telefonieren will und es mir lästig ist, stundenlang Betriebsanleitungen zu lesen und Nachrichten zu versenden, die dann doch nicht beim richtigen Adressaten ankommen. Alles in mir sträubt sich also dagegen, ein Gerät zu kaufen, das nur der Orientierung nützt. Da komme ich mir noch ausgesetzter und hilfloser, weil so abhängig vor. Außerdem fangen diese Dinger im Katalog bei ungefähr 300 Euro an, ein Hersteller hat sogar seine halbe Produktpalette vorgestellt und schreibt »Preis auf Anfrage« dazu. Was ich aber sicher brauche, ist ein Überblick. Ich kaufe mir also Wanderkarten, falte sie groß auf dem Tisch zu Hause auseinander und fahre mit dem Finger die Wege nach, die ich entlanggehen könnte. Dazu nehme ich noch einen Wanderführer und lese mir die Routenbeschreibungen durch. Das klingt alles nicht spektakulär, es wird ganz nüchtern beschrieben, wo man langgehen kann und wo man abbiegen muss und wo es eine Aussicht gibt. Zwei Begriffe tauchen immer wieder auf, die mich ins Grübeln kommen lassen: Schwindelfreiheit und Trittsicherheit. Bin ich schwindelfrei? Nein. Bin ich trittsicher? Ich hoffe, ja.

Einen entspannten Umgang in puncto Orientierung empfiehlt Mr Thoreau und nachdem ich das gelesen habe, habe ich auch keine Angst mehr davor, mich zu verirren:

»Erst bis wir uns ganz verirrt oder umgedreht haben – denn der Mensch braucht nur einmal in dieser Welt mit geschlossenen Augen herumgedreht zu werden, um verirrt zu sein –, lernen wir die Weite und Fremdartigkeit der Natur schätzen. Jedes Mal, wenn der Mensch aus dem Schlaf oder aus der Versunkenheit erwacht, muss er die Himmelsrichtungen von neuem kennenlernen.«

Und da ich das jeden Tag meines Lebens sowieso schon übe, fühle ich mich nach dem zusätzlichen Erwerb von Wanderkarten ausgezeichnet gerüstet.

Outdoor

Ich wandere im Harz

Nach Thale mit dem HEX

Gut, jetzt habe ich umfangreiches Kartenmaterial, aber wie erreicht man so ein »wanderbares« Gebiet? Da ich keinen Führerschein habe, nehme ich den Zug. Das ist auch besser für die Umwelt, denke ich mir. Als Reisezeit bleiben nur die Wochenenden. An Wochenenden mit zumutbarem Zeitaufwand von Berlin aus zu erreichen sind die ostdeutschen Mittelgebirge. Ich fahre also in den Harz. Hier bin ich gleich »Harzlich willkommen!«, so steht es auf jedem zehnten Schild, jeder zweiten Speisekarte und auf allen Touristeninformationsbroschüren. Außerdem hat es offenbar eine wissenschaftliche Erhebung gegeben, nach der die Sachsen-Anhaltiner Frühaufsteher sind, sie also früher aufstehen als alle Einwohner aller anderen Bundesländer. Darum kann man an jeder Stelle, an der man die Bundeslandgrenze übertritt oder -fährt, die stolze Manifestation der präsenilen Bettflucht auf Schildern am Straßenrand lesen: »Wir stehen früher auf!«

In Magdeburg steige ich in den HarzElbeExpress, kurz: den HEX. Die Schaffnerin klärt mich über Schienenersatzverkehr ab Halberstadt auf. Es wird gestreikt und zudem noch gebaut. Die Abfahrt nach Thale sei um 22:41 Uhr, die Busse warteten hinter den Wasserspielen am Bahnhof, wir, die Reisenden, sollten aber unter allen Umständen noch mal den Fahrer fragen, wo er hinführe, da würde nämlich manchmal kurzfristig umdisponiert. Am Bahnhofskiosk mache ich die Bekanntschaft mit dem »Schierker Feuerstein«, der einerseits ein bekannter Felsen ist, aber jetzt vor allem als wohlschmeckender Schnaps vor mir steht, um mir über viele Stunden Schienenersatzverkehrs hinwegzuhelfen.

Ich gehe an den Wasserspielen vorbei, dort stehen ein paar Busse und Großraumtaxis. Brav frage ich den Fahrer, wohin des Wegs. »Na, steht doch dranne!«, blafft es mir entgegen. Eingeschüchtert steige ich in den Bus – das Baujahr des Vehikels vermute ich Mitte der achtziger Jahre des vorigen Jahrhunderts –, es ist schon dunkel in Halberstadt und ich habe keine Ahnung, wo genau das überhaupt liegt. Zwei ältere Damen und eine jüngere steigen mit mir ein. Gleich kommt Feriengefühl auf: Ist es nicht sommerlich warm? Ist nicht auch in Portugal, immer wenn ich aus dem Flugzeug steige, irgendein Streik? Es ist nicht mehr viel los auf den Harzer Straßen um 23 Uhr. Ich weiß nicht, warum es im deutschen Sprachgebrauch nur »Amoklaufen«, nicht »Amokfahren« gibt – unser Fahrer macht Letzterem zumindest alle Ehre. Er ist schnell und es ist mittlerweile stockdunkel. Die Straßen sind mittelalterlich eng und der Bus ist kein Gelenkbus. Plötzlich holpern wir über etwas hinüber und der Fahrer bremst scharf. Er dreht sich halb über seine rechte Schulter zu uns um und kommentiert fröhlich-entschuldigend: »Katzengyros!«

Er fährt ein paar Kilometer ohne Zwischenfall, biegt in eine als Sackgasse gekennzeichnete Straße ein und kommt kaum um die Kurve mit dem großen Bus. Am Ende der Sackgasse ist zwischen ein paar dunklen Gebüschen das Schild »Wegeleben« zu erkennen, ein Bahnhofsschild. Spontan muss ich an »Wegleben« und »Ableben« denken. Niemand steigt ein, niemand steigt aus. Dafür schießt der Fahrer wie angestochen durch den Bus nach hinten, wo es sich die junge Frau bequem gemacht hat. »Ich wollte mal gleich die zwanzig Euro kassieren: Für die Reinigung! Was legst du deine Drecksmauken hier aufs Polster? Der Nächste kommt mit heller Hose und bei wem beschwert er sich dann? Bei mir!« Nach einer minutenlangen Standpauke rangiert er wieder aus der Sackgasse hinaus. Er trägt übrigens die ganze Zeit über ein Freisprechset und quatscht ununterbrochen da rein. Beim Einsteigen meinte ich noch, er diskutiere mit Kollegen die zu fahrende Strecke, von Kreisverkehren war die Rede, vom Abbiegen. Jetzt bin ich mir nicht mehr so sicher, ob wirklich jemand am anderen Ende der Leitung ist.

Haltestelle Bahnhof Quedlinburg. Die drei Frauen steigen aus, ein Jugendlicher, schätzungsweise 15 Jahre alt, mit Basecap und Ohrring steigt ein. »Kann ich mal dein Ticket sehen?« – »Hab keins, Automat kaputt, kann ich bei Ihnen bezahlen?« – »Nee, kannste nicht, ich verkauf keine Fahrscheine.« Wir sind zu dritt in dem Bus und ich fühle mich plötzlich sehr einsam. »Freundchen, du willst von A nach B und hast keinen Fahrschein? Nichts auf der Welt ist umsonst! Der Automat ist nicht kaputt, ich fahre die Strecke seit 10 Uhr, ich weiß, welcher Automat kaputt ist! Und das höre ich heute zum ersten Mal!« Darauf der Junge etwas kleinlauter: »Soll ich jetzt wegen der 1 Euro 50 noch mal zum Automaten rennen? Sie warten doch nicht auf mich und dann steh ich morgen früh noch hier.« – »Das ist mir so was von scheißegal, Junge! Genau, das kannste vergessen, dass ich hier warte. Ihr seid so was von verwöhnt, alle. Du liest dir mal besser die Beförderungsbedingungen durch: Du brauchst einen Fahrschein!« Der Junge wird frech: »Sagen Sie mir Ihren Namen, dann melde ich Sie bei der HEX.« Daraufhin der Fahrer in gleichem Tonfall: »Das ist mir so was von scheißegal!« Es geht noch eine Weile so hin und her. Aber am Ende steigt der Junge doch ein – ohne zu bezahlen! – und weiter geht's, als wäre nichts gewesen. Vielleicht spielen sie dieses Spiel jeden Tag, denke ich mir, während ich leicht wegdämmere. Hier ist ja sonst nichts los.

Am nächsten Morgen bin ich guter Dinge, als ich das Hotel verlasse, in dem ich erst um Mitternacht angekommen war. Die Wirtsleute hatten glücklicherweise einen Umschlag mit meinem Zimmerschlüssel in den Briefkasten geklemmt, denn so lange blieb keiner von ihnen auf. Was mir in Thale im Hellen als Erstes auffällt, sind die Hexen. Sie hocken in jeder Ecke des Hotelflures, stehen auf Spielplätzen, schaukeln auf ihren Besen an Autorückspiegeln und hängen in den Fenstern von Ferienwohnungen. Sie haben nichts Bedrohliches, sie sind zum rein folkloristischen Beiwerk geworden und in der Walpurgisnacht wird hier ein regelrechter Hexenfasching gefeiert.

Bodetal

Ich gehe den Bodetalweg von Thale nach Treseburg, zehn Kilometer, schön auf und ab, der Wanderführer verspricht eine spektakuläre Aussicht auf
die Roßtrappe. Die Strecke ist in meinem »Wanderführer Harz« sowohl als 44. Etappe ausgezeichnet als auch
als erste oder letzte Etappe des Harzer-Hexen-Stieges, je
nachdem, ob man von West nach Ost oder umgekehrt
geht. Ich starte im Osten und gehe zunächst einmal durch
Thale hindurch. Mit meiner leichten Kurzsichtigkeit lebe
ich nun schon seit 23 Jahren ganz gut, ich kämpfe nicht
mehr gegen sie an, ich habe sie klaglos hingenommen,
ich trage keinerlei Sehhilfe. Endlich Natur, Berge, hohe
Bäume – mein Blick schweift umher und bleibt in den
Wipfeln hängen. Dort oben tummelt sich eine mir unbekannte Spezies, wie kleine bunte Kletteräffchen sieht die
aus. Andere Länder, andere Sitten, andere Arten, schließlich bin ich in Sachsen-Anhalt.

Ich bleibe fasziniert stehen und betrachte die lustigen
Gesellen, die zwar menschenähnlich sind, aber ziemlich
behände in den Baumkronen umherturnen und sich von
Wipfel zu Wipfel schwingen. Alle tragen eine exoskelett-
artige Haube auf dem Kopf, ihre Haut schillert in bunten
Farben. Als ich noch näher komme, sehe ich, dass sie an
Seilen und Gurten hängen. Und ich sehe außerdem, dass
es sich um behelmte Kinder handelt, so zwischen sechs
und zwölf Jahren, die lässig von Baumstamm zu Baumstamm pendeln und dabei pavianeske Laute ausstoßen.
Während ich meinen Kopf fasziniert in den Nacken lege,
um die Spiele der Horde weiterzuverfolgen, gehe ich lang-

sam weiter und stoße buchstäblich auf eine Erklärung. Auf einer großen grünen Tafel an einem dicken Pfahl steht geschrieben, dass es sich um einen Kletterpark handelt und dass man für das Herumtollen in Bäumen 18 Euro Eintritt zahlen soll. Aber ich bin zu dem, was die Äffchen da oben veranstalten, ja gar nicht in der Lage und habe außerdem ein ganz anderes Programm vor mir. Zudem lese ich noch im Kleingedruckten an der Tafel: »Der Betreiber haftet nicht für Unfälle, die durch Nichteinhaltung der Benutzerregeln, falsche Angaben oder bei panischen Anfällen eines oder mehrerer Teilnehmer verursacht werden.« Vor allem der letzte Hinweis gibt mir zu denken. Was, wenn man seine eigene Panik vor der Höhe überwunden hat, sich mittels eines kleinfingerdicken Seils gesichert durch die zwölf Meter hohen Baumkronen schwingt und auf jemand anderen stößt, der Panik schiebt und einen da irgendwie mitreißt?

Ich richte meinen Blick lieber wieder auf den Boden, wo ich was erkennen kann. Weiter geht es im Tal entlang des Flüsschens, die Wege sind breit und mit Kies bestreut. Zwei Gasthäuser lasse ich links liegen, ich will mir erst was gönnen, nachdem ich ein bisschen Strecke gemacht habe. Nach einer Kehre geht es steil bergauf, der Weg ist viel schmaler und Steinbrocken wurden so geschichtet, dass man sie wie Treppenstufen benutzen kann. Die ersten paar Meter gehe ich optimistisch voran, aber schon nach 20 Metern fehlt mir die Luft.

Aha, das ist also die erste Lektion, die ich lernen soll: den Buchstaben meines Wanderführers vertrauen, wie es sonst nur ein fanatisch bibelfester Christ mit den Worten der Heiligen Schrift macht. Wenn da steht »steiler Anstieg«, ist damit tatsächlich ein steiler Anstieg gemeint. In Berlin beträgt die allgemeine Traufhöhe 22 Meter. Das heißt, ich befinde mich jetzt unterm Dach eines durchschnittlichen Berliner Mietshauses. Wenn in dem Wanderführer also steht, dass auf dieser Strecke 800 Höhenmeter zu überwinden sind, muss ich mich darauf gefasst machen, dass ich etwa 40-mal bis in die fünfte Etage eines Berliner Mietshauses steigen werde. Nachdem ich mir das ausgerechnet habe, fällt es mir leichter, meine Routen zu planen. Die meisten entfallen nämlich, weil ich mir zunächst rein konditionell eine Grundlage schaffen muss.

Parallel lerne ich gleich meine zweite Lektion: Wirf den falschen Ehrgeiz über Bord (oder besser in die Schlucht), mache Verschnaufpausen auf dem Weg nach oben, kümmere dich nicht darum, dass du von Kindern und Alten überholt wirst, die bereits den zweiten Schlaganfall hinter sich haben. Der Weg ist noch weit und es lohnt sich nicht, beim ersten Anstieg die Nase vorn zu haben, wenn einem auf den nächsten acht Kilometern schwarz vor Augen ist und man gummibärchenweiche Knie hat. Gehe in deinem eigenen Tempo.

»Schau, da ist ein Arrronstab!« Eine mittelalte Frau kniet direkt am Wegesrand, verzückt eine ziemlich blässliche Pflanze betrachtend. Ein paar Meter weiter steht ein älterer Herr in Kniebundhosen und kariertem Hemd. Als ginge es nicht um eine Pflanze, sondern um Gold, dreht er sich abrupt um und eilt zu der Frau hin, seinen Mitwanderern ruft er aufgeregt »Fundstelle, Fundstelle!« zu. Sein Brillengestell wackelt vor Aufregung, als er sich über die blassgrüne Pflanze beugt. »Nicht anfassen!«, ruft er und schiebt die Frau mit dem fränkisch rollenden R beiseite, die wiederum heftig mit den Armen wedelt, damit der Rest der Wandergruppe endlich kehrtmacht und ihren Fund bestaunt. Der alte Herr sagt: »Der ist nämlich giftig. Da haben Sie aber ein besonders schönes Exemplar entdeckt, Reglinde!« Woraufhin Reglinde leicht errötet und äußerst gespannt dem ansetzenden Vortrag von Dr. Keller, dem Leiter der Expedition auf dem Harzer-Hexen-Stieg, folgt: »Wir haben hier ein Exemplar der Gattung Arum aus der Familie der Araceae, einer ansonsten vor allem tropischen Familie. Hier haben wir es mit dem Gefleckten Aronstab zu tun, dem Arum maculatum. Die Befruchtung erfolgt vorwiegend durch Insekten, durch Fliegen zum Beispiel, die vom aasartigen Geruch angezogen werden. Die Insekten fallen in den Blütenkelch hinein, der deshalb auch Fliegenkesselfalle genannt wird, und kommen dort todsicher auf dem Stempel auf, so dass die Pollen darauf landen. Wie ich bereits erwähnte, ist die Pflanze giftig, und zwar in allen ihren Teilen. Leider können wir gerade keine Blütenstände sehen, die zumeist als rote Beeren gut ausgebildet sind. Jedoch auch diese sind hochgradig giftig und trotz ihres leicht süßlichen Geschmacks können sie tödlich sein. Manchmal fällt auch Weidevieh darauf herein und es ist danach schwierig festzustellen, warum es denn nun tot auf der Wiese herumliegt.«

Während ich noch den Anblick der Exemplare aus der Gattung der Wanderer, Familie der Naturpfadler, verarbeite, werde ich bereits weitergeschubst, denn der Lehrgang hat einen kleinen Stau auf dem engen Wanderweg verursacht.

Das Gute an Pflanzen ist, dass sie sich nicht so schnell von der Stelle bewegen. Während einer Wanderung Tiere zu beobachten ist ungleich schwieriger, oder wie es der zeitgenössische amerikanische Autor, Ex-Beatnik und Wildnisforscher Gary Snyder formuliert:

»Es ist nicht möglich, über eine Wiese zu gehen oder einen Wald zu durchqueren, ohne dass sich die Nachricht hiervon in einer Art Wellenbewegung in alle Richtungen ausbreiten würde. Die Drossel huscht zurück, der Eichelhäher stößt schrille Schreie aus, ein Käfer verbirgt sich im tiefen Gras – das Signal wird weitergegeben. Alle Lebewesen wissen, wenn ein Habicht hoch in der Luft seine Kreise zieht oder wenn ein Mensch in der Nähe herumstreunt. Die im System weitergegebene Information ist Intelligenz.«

In diesem Sinne stapfe ich, Wellen von Information und Intelligenz ausbreitend, weiter hinan, und entdecke zwar jede Menge Hochsitze, aber keine Rehe oder sonstiges größeres Getier. Dagegen kreuzen immer wieder Kinder meinen Weg, die eine Art kurzgeschorenen Flokati mit Ärmeln tragen, auf dem – wie sollte es anders sein? – meist auf dem Rücken eine riesige gesteppte Tatze zu erkennen ist. Mit diesen Stofffetzen sehen sie aus wie kleine nasse Bären. Süß. Hoffentlich findet das auch der Jägersmann, der sich seine einsame und ereignislose Nachtwache auf dem Hochsitz mit zwölf Kümmerling und drei Schierker Feuerstein vertrieben hat. Und hoffentlich erinnert er sich daran, dass in unseren Breiten gar keine kleinen nassen Bären leben.

Seit der Berliner Eisbär Knut tot ist, scheint sich sein Fell vervielfacht zu haben. Ich sehe es jetzt merkwürdigerweise an immer mehr erwachsenen Männern. Die Botschaft ist eindeutig: Ja, ich habe ein wenig Übergewicht, aber ich spiele trotzdem gerne draußen, auch wenn es bärig kalt ist. Und schaut genau hin: Bin ich nicht auch ein wenig Knut-liebenswert? Von besonderer Bedeutung scheinen auch die Rucksackanhängsel zu sein. Man sieht mitnichten nur kleine Kinder, die Stofftiere auf ihre Wanderung mitnehmen. Auch reifere Damen und Herren, die im nächsten Ausflugslokal »Nein, danke, nach drei Uhr vertrage ich wirklich keinen Bohnenkaffee mehr, sonst kann ich nicht schlafen« sagen, tragen rücklings klumpfüßige Diddl-Mäuse mit sich herum.

Endlich bin ich oben angelangt und genieße tatsächlich einen herrlichen Ausblick auf die bewaldete Bergseite der Roßtrappe. Und ich lerne Lektion Nummer drei an diesem Tag: Höhenangst hat man nur, wenn man darüber nachdenkt. Wenn einem die Pumpe bis zum Anschlag geht, die Haare an der Stirn kleben und man nach einem Schluck Wasser lechzt, weil man den Anstieg gemeistert hat, ist der Körper offenbar allein mit der Aufrechterhaltung der lebenswichtigen Vitalfunktionen beschäftigt und nicht mehr in der Lage, das angsttreibende Adrenalin auszuschütten. Ich schaue hinab in die 200 Meter tiefe Schlucht, dort unten rauscht irgendwo die Bode, und habe nicht den Hauch eines Schwindel- oder Angstgefühls.

Ich brauche insgesamt ziemlich genau die im Wanderführer veranschlagten drei Stunden. Kurz vor dem endgültigen Ziel stoße ich auf einen merkwürdigen Kasten am Wegesrand: »Harzer Wandernadel. Projektidee der Beschäftigungsagentur Wernigerode. Der Stempel ist kein Souvenir!« Die bringen mich erst auf Ideen. Der Stempel ist aber festgebunden und so breche ich meinen Versuch halbherzig ab, bevor ich überhaupt damit begonnen habe. Ich stelle mir vor, wie die Projektgruppe der Arbeitsagentur Wernigerode in einem schmucklosen Raum mit Neonlicht sitzt und überlegt, womit sie sich beschäftigen könnte. Schließlich kommt einem die zündende Idee:

»Wenn wir schon stempeln gehen müssen, können wir doch in unserem schönen Harz auch überall Stempelkästen für die Touristen und Wanderer hinstellen. Die können dann in einem Heft verschiedene Stempelbilder sammeln und wenn das Heft voll ist, bekommen sie eine Belohnung!«

»Ja, einen Orden oder so«, ruft sein Tischnachbar, der gerade noch selig schlummerte.

»Das klingt so militärisch, und außerdem muss man da gleich an Sozialismus denken, Held der Arbeit und so«, gibt der Erste zu bedenken, »jetzt sind wir ja nur noch die Helden vom Arbeitsamt.«

»Ich war mal im Ötztal wandern und da gab es Abzeichen, auf die waren meine Kinder ganz scharf, die nannten das ›Wandernadel‹«, wirft nun der Dritte ein.

»Hmm, ›Wandernadel‹, das klingt gut, Nadelbäume haben wir ja schließlich reichlich«, sagt der Erste begeistert.

»Und die Stempel hängen wir nicht einfach so irgendwo hin, da bauen wir richtig schmucke Häuschen drum herum, der Dieter baut doch so schöne Vogelhäuschen.«

Ein aktionistischer Schub geht durch die Projektgruppe, an dessen Ende 222 Stempelstellen im Harz stehen. Wer alle Stempel gesammelt hat, wird Harzer Wanderkaiser. In diesem Leben werde ich das nicht schaffen. Ziemlich groggy komme ich aus dem Wald heraus und falle verschwitzt in die Touristeninformation, in der mir eine nette Frau das Hotel Bodeblick vermittelt, Einzelzimmer zu 45 Euro. Es ist perfekt, liegt absolut ruhig, umgeben von Wald, ein renovierter historistischer »Schinken«, wäre es ein Gemälde. Ist es aber nicht.

Ich lasse mich im hoteleigenen Biergarten nieder, erst mal stört es mich nicht, dass keine Bedienung kommt. Kraft zum Aufregen habe ich nach der Wanderung nicht mehr. Ein unausgelastetes Ehepaar am Nachbartisch schon. Sie müssen mit dem Auto hier sein. Ich schnappe Satzfetzen auf: »... denken wohl, dass immer noch Osten ist«, »... Gewerkschaftsversammlung, drei Mann sitzen rum«. Ich nehme mir in der Zwischenzeit die Speisekarte selbst und lese unter der Überschrift »Geschichtsauszüge« über die Historie des Gebäudes: »Um 1890 von Emigranten im französischen Stil aus Steinen der alten Treseburg erbaut. Aus den wenigen erhaltenen Dokumenten der Zeit ist zu ersehen, dass schon um 1900 das Gebäude von der damaligen Besitzerin Luci Reis als Pension geführt worden war. Vor der Wende war das Haus bekannt als Betriebsferienheim des VEB ›Sprengstoffwerk‹ Schönebeck. Nach längerem Leerstand wurde das Gebäude mit viel Einsatzbereitschaft und Enthusiasmus von den jetzigen Eigentümern behutsam renoviert und konnte im Oktober 1997 als Hotel ›Bodeblick‹ wiedereröffnet werden.«

Die Bedienung kommt immer noch nicht, so dass ich Zeit zum Grübeln habe, und ich beginne, an ihrem Enthusiasmus zu zweifeln. Vor allem aber sind mir die Anführungszeichen bei Sprengstoffwerk rätselhaft. War es vielleicht eine als »Sprengstoffwerk« getarnte Osterhasenfabrik? Man kennt ja mittlerweile die billigen Tricks der hinterlistigen Ostbonzen-Osterhasenmafia, die sich im Kalten Krieg geschickt zu tarnen verstand.

Neben mir rauscht die Bode lustig über Felsen, Moos und Flechten hinweg. In ihr leben Forellen, die einem in allen Lokalen, die des Wegs kommen, angeboten werden, in zwei Varianten: gebraten oder gekocht. So auch hier. Nachdem sich die Bedienung doch noch auf den langen Weg zum Gast gemacht hat, serviert sie mir eine rosa Lachsforelle, die herrlich zart ist und gar nicht muffig schmeckt, wie das öfter bei Forellen der Fall ist. Ich gebe der Bedienung ein enthusiastisches Trinkgeld.

Weil der Weg durchs Bodetal so schön war und ich außerdem in eine Ortschaft mit Bahnhof muss, gehe ich die Strecke am nächsten Tag in umgekehrter Richtung zurück. Wie immer, wenn man einen Weg zum zweiten Mal geht, kommt er einem (zum Glück) viel kürzer vor. In Thale angekommen, herrscht Volksfeststimmung: Eine Band spielt im Park, Bratwurstbuden sind aufgebaut, lauter bunte Karussells dazwischen. Ich wünsche mir, dass ich endlich, nach zwei Tagen ohne Empfang, beim Verlassen des Bodetals mein Handy einmal wieder benutzen kann. Nichts, nicht ein Balken. Der Bahnhof, eine schöne Holzkonstruktion, wird gerade aufwendig restauriert. Auf dem Fahrplan ist ein Zug nach Magdeburg um 13:17 Uhr angekündigt. Auf einem laminierten Blatt, das mit Kabelbinder an einen der denkmalgeschützten Trägerbalken des Bahnhofs gebunden ist, steht aber, dass gestreikt wird und Busse als Ersatzverkehr aufzusuchen sind. Da weit und breit keiner zu sehen ist, frage ich die dicke Frau vom Imbiss gegenüber, wohin ich mich wenden soll. »Streiken die etwa schon wieder?«, wundert sich die Imbissfrau, und:

»Nein, wo die Busse halten, kann ich Ihnen auch nicht sagen.«

Ich mache mich schon auf einen ultralangen Marsch gefasst, da fährt leise und unerwartet ein HEX-Zug in die Bahnhofsbaustelle ein. Ich stürze mich hinein – wer weiß schließlich, wann ich wieder ein Vehikel erwische, das mich hier rausbringt – und erwische den Zugführer, der sagt, er führe zwar um 13:17 Uhr ab, aber nur bis Halberstadt. Und nein, das hätte jetzt nichts mehr mit dem Streik zu tun, das sei der Notfahrplan.

Also steige ich wieder aus und warte draußen – schon wieder outdoor – bis zur Abfahrt. Auf dem leeren Bahnhof ist es so still, dass ich höre, wie der Lokführer auf sein Zugklo geht und schifft. Toller Arbeitsplatz, immer ein Klo dabei. Doch dann ist meine einsame Ruhe auch schon wieder vorbei, als ein etwa 50-jähriger Mann in türkisfarbenem T-Shirt daherkommt und natürlich mich fragt, ob und wann und wohin der Zug fahre? Schließlich sitze ich ja hier am Bahnhof herum, bin demzufolge kernkompetent. In seinem Stoffbeutel trägt der Herr ein Kofferradio bei sich, das er zu seiner sonntäglichen Unterhaltung recht laut aufgedreht hat. Die ältere Frau, die sich unauffällig an uns vorbei- und in den Zug hineingeschlichen hat, steigt wieder aus und fragt mich leicht unsicher – ich sitze ja hier am Bahnhof herum und bin kernkompetent –, ob dieser Zug nach Ditfurt führe. Irgendwann fährt der Zug tatsächlich ab, und selbst wenn ich nur zwei Tage weg war, freue ich mich wie ein Kind, als ich in Berlin einfahre und mir die Lichter der Stadt heimatlich entgegenblinken.

Trotz allem: Mir hat es gefallen im Harz und ich beschließe, öfter hinzufahren, nicht aber ohne mich vorher genau erkundigt zu haben, welche Bahnstrecke wann bestreikt wird und wie genau ich wo hinkomme. Meine Lektüre habe ich übrigens auch ausgeweitet: Neben dem Wanderführer lese ich nun auch Jürgen von der Wense. Dieser Universalgelehrte und -verweigerer einer bürgerlichen Existenz bewanderte jahrzehntelang den Harz, so dass man in seinem Buch *Wanderjahre* Reflektionen wie diese nachlesen kann:

»Am Harz ist das einzig Merkwürdige, dass es ihn gibt – dass ein wildes und grausiges Urgebirge unvermittelt dasteht über der norddeutschen Ebene, die noch dem Umland ihre Öde ein- und aufprägt. Dass er kein eigentliches Gebirge ist, nur ein Block aus Stein, dass die Wasser aufarbeiten und zersägen.«

Dieses leidenschaftliche Harz-Bashing hinderte Herrn Wense aber nicht daran, ins Harzer Vorland zu ziehen und unzählige Wanderungen von der Westseite aus zu unternehmen, die er geradezu hymnisch beschrieb. Die Denker und das Wandern – schon immer war das eine innige Beziehung, ich sage nur Nietzsche.

Wenn ich wandere, fange ich weder an zu denken, noch kann ich irgendeine andere bewusste Hirntätigkeit bei mir feststellen. Zwanzig Jahre Zigarettenkonsum haben mein Hirn wahrscheinlich derart an den Sauerstoffmangel gewöhnt, dass es bei Frischluft in eine Art Schockstarre verfällt. Meine »Gedanken« während des Wanderns sind ungefähr folgende: Stein, Wurzel, Achtung, Wurzel, Stein, Wasser. Baum, Schwitzen, Wasser, Baum, Schwitzen, Wasser, Wurzel, Stein, Stein, Stolper, Wurzel, Stein, Wasser,

Baum, Fliege, Baum, Stein, Wasser, Wurzel ... Das hat natürlich mit der Zeit auch eine beruhigende Wirkung.

Beunruhigend sind wie bereits bemerkt die Mitwanderer, auf die ich treffe: Alle sind ausgesucht höflich, wie an keinem anderen Ort, an dem ich je gewesen bin. Im Wald und auf den Wanderwegen schallt es einem entgegen: Tach!, Moin!, Guten Tag!, Grüß Gott! Das kann dann bei größeren Wandergruppen, die einem entgegenkommen, schon mal ganz schön laut werden. Vor allem bergauf, wenn man den letzten Schnaufer für sich behalten will, gleichzeitig aber adäquat auf die Grußformeln reagieren möchte, ist das fast schon lästig. Die Gruppen haben zwar ihre Reisebusse am nächstgelegenen Parkplatz stehengelassen, aber ihre aufgekratzte Stimmung mitgebracht. Da die Busladungen gemeinsam loswandern, aber aufgrund der unterschiedlichen Kondition innerhalb der Gruppen im Lauf der Wanderung auseinanderfallen, trifft man nur in der Nähe von Parkplätzen auf regelrechte Menschenballungen. Also vor allem am Anfang und am Ende jeder Etappe. Will man allein auf seinen Wegen sein, empfiehlt es sich, die berühmtesten Aussichtspunkte zu meiden, denn: Irgendwo ist immer eine Zufahrtsstraße.

Der Harz ist übrigens ungefähr 250 Millionen Jahre älter als der Himalaya und besteht aus lauter Wackersteinen. Diese liegen im Wald, auf den Bergen und in den Tälern herum. Wenn die großen, klobigen Brocken nicht kantig sind, weisen sie die typische »Wollsackverwitterung« auf. Wie der Name schon sagt: Die Felsen sehen dann aus wie ein Haufen riesiger aufeinandergetürmter Wollsäcke. Die drallen Wölbungen erinnern mich an etwas ... Ach ja, meinen Bauch.

Brockenbesteigung

Am nächsten langen Wochenende fahre ich mit der Deutschen Bahn über Magdeburg und steige dann in den HEX nach Ilsenburg um. Mein Rücken macht mir zu schaffen und so lege ich mich auf der ersten Teilstrecke in einem leeren Abteilwagen auf den Boden, unter mir singen die Räder des Waggons. Nachdem die Zugbegleiterin aufgeregt und pflichteifrig festgestellt hat, dass ich weder tot bin, noch dass mir schlecht ist, ich also keine »Sauerei« im Abteil anrichten werde, lässt sie mich freundlicher- und überraschenderweise liegen.

Ich habe mir ein Hotel am Ortsausgang herausgesucht, direkt vor der Haustür sollen verschiedene Wanderwege starten. Der Harz ist nicht nur eine Gegend, in der sich Fuchs und Hase gute Nacht sagen. Hase und Igel waren auch schon immer da, sprich: Goethe und Heine. Überall gibt es Heine-Wege und Goethe-Felsen. Hinter dem Hotel beginnt direkt der Heinrich-Heine-Weg. Ich wandere durch das Ilsetal, die Ilse springt über die Blocksteine hinweg und rauscht, wie es sich für ein ordentliches Flüsschen gehört, in Kaskaden abwärts. Es ist wirklich schön, ich wandere immer weiter geradeaus und entschließe mich sogar, auf den Brocken zu steigen, den höchsten Berg Norddeutschlands, immerhin. Seine Form ist eher unspektakulär, von weitem sieht er aus wie eine sehr flache Pyramide. Weil es auf dem Brocken immer ziemlich kalt ist und es gewaltig zieht, ist die Baumgrenze hier auch schon auf 1000 Höhenmetern. Der Brocken ist demnach oben herum ziemlich kahl. Ich starte meine Tour, obwohl ich Taubheitsgefühle in der rechten Hand und im rechten

Fuß spüre, genaugenommen fühlt sich meine gesamte rechte Körperhälfte taub und wie eingeklemmt an. Meine Theorie: Entweder wird es richtig schlimm, oder es verschwindet.

Ich muss mich konzentrieren, immer schön einen Fuß vor den anderen setzen, ich durchwandere ein paar felsige Passagen. Neben mir brodelt die Ilse, das Laub ist jetzt im Oktober tiefrot, gelb und dunkelgrün gefärbt. Die Steinblöcke sind von Moosen und giftgrünen Flechten bewachsen. Die abgestorbenen Kiefern schimmern grau durch die bunten Blätter. Nach einiger Zeit lichtet sich der Weg und ich blicke auf eine große, entwaldete Bergkuppe. Die Behörden haben, wie um sich beim Wanderer für dieses unordentliche Flurstück mit den umgeknickten Bäumen zu entschuldigen, eine Tafel aufgestellt. Kyrill war hier. Kyrill, das ist ein guter Name für einen verheerenden Sturm von orkanartiger Wucht. Hat etwas geheimnisvoll Ostslawisches. Man stelle sich vor, die Meteorologen hätten das Sturmtief »Klaus« getauft oder »Karl-Heinz«. Dann würde man vermuten, statt eines naturgewaltig-verheerenden Orkans hätte ein unförmiger, bierbäuchiger Riese in Rage die vielen Bäume umgeknickt und umgetreten.

An der Bremer Hütte treffen mehrere Wege aufeinander. Dementsprechend sammeln sich hier auch eine ganze Menge Leute, machen Rast oder beratschlagen die weitere Route. Männer mit Navis stehen auf ihre Displays starrend überall in der Gegend herum, einige fluchen leise, holen unterstützend ihr Handy heraus. Anscheinend kommt keiner von ihnen auf die Idee, die Wegweiser zu lesen und die Wanderkarte zu studieren, geschweige denn die Landschaft nach Anhaltspunkten abzusuchen. Wie schön, mal so ganz ohne Fernseher und Verkehrslärm ...

Bis hierher ging ja alles noch ganz gut, jetzt aber schwant mir Schlimmes. Mein Weg führt von nun an nämlich nur noch bergauf. Außerdem bewölkt sich der Himmel, und es fallen winzig kleine Regentropfen auf mich und die wenigen Wanderer herab, die sich von der heimeligen Hütte aus auch auf den Weg nach oben gemacht haben. Zwei ältere Herren quälen sich ebenso wie ich den Berg hinauf, sie tragen riesige Rucksäcke. Obwohl sie selbst nach jedem steileren Anstieg kaum noch Luft kriegen und genauso oft pausieren müssen wie ich, wagen sie es tatsächlich, mich grinsend zu fragen: »Na, hat Ihnen jemand die Skier geklaut?« Den Spruch kenne ich bereits. Meine Standardantwort lautet: »Ja, und den Schnee gleich mit dazu!«

Nach diversen Anstiegen gelange ich auf einen Plattenweg, den das Militär damals angelegt hat, als der Brocken Sperrgebiet war, und es mit seinen Fahrzeugen hier entlangfahren musste, um den Klassenfeind draußen und die eigenen Bürger drin zu halten. Über den Plattenweg steht in meinem Wanderführer, dass er »als eintönig empfunden werden könnte«. Ich habe keine Empfindungen mehr. Außer Durst und »es soll endlich vorbei sein«. Umkehren kann ich nicht, der Rückweg wäre schon viel länger als der verbleibende Weg zum Ziel. Werde ich allerdings noch langsamer, schlägt die Schwerkraft zu und ich kullere den Plattenweg wieder hinunter. Da gibt es doch tatsächlich Leute, die den Berg hinauf *rennen*! Ich meine, es gibt sie wirklich! Bisher hatte ich nur von ihnen gelesen und gehört: Trailrunner. Ich war mir sicher, das sei wieder so eine Erfindung der Sportindustrie. Aber hier zieht ein Pärchen im Laufschritt an mir vorbei. Berg aufwärts! Bei 20 Prozent Steigung! Das muss an diesen Schuhen liegen, denen im Outdoor-Katalog ein extra Abschnitt gewidmet ist, in dem es von Fachbegriffen nur so wimmelt, die mir nichts sagen, unter denen ich mir aber sagenhafte Dinge vorstelle: »Für Auftrittsdämpfung sorgt eine EVA-Zwischensohle mit integrierter Pronationsstütze. Eine eingearbeitete Snake-Plate schützt in rauem Gelände.« Ich muss unwillkürlich an den Road Runner, sein »mäp, mäp!« und die Staubwolke denken, die er hinterlässt.

Ich keuche die letzten Meter Plattenweg hinauf, sehr langsam. Am Horizont sehe ich schon den Sendemast des ehemals ältesten Fernsehturms der Welt, seine große Kuppel und quaderförmige Bauten, Relikte aus Abhörtagen, die den Brocken zieren. Tatsächlich reißt in diesem Augenblick der Himmel auf und belohnt mich Brockenbezwingerin mit goldenen Sonnenstrahlen. Nachdem ich einen kurzen Moment das wirklich beeindruckende Panorama bewundert habe – neben mir raunen sich die Ausflügler zu, dass der Brocken 300 Tage im Jahr im Nebel liege –, kehre ich in der »Hexenklause« ein. Sie liegt in der obersten Etage des einzigen Hotels hier oben: dem Brockenhotel.

Ich zwänge mich in die Toilette und tausche erst einmal mein pitschnasses T-Shirt gegen ein trockenes. Entgegen meiner Ernährungsgewohnheiten habe ich Appetit auf etwas Süßes und esse nach dem großen Eisbecher noch ein Stück Kuchen. Meine Unterschenkel sind auf ihren doppelten Umfang angeschwollen. Nur mit Mühe spaziere ich jetzt ein paar Schritte auf dem Brockenplateau umher. Hier befindet sich eine weite Fläche, auf der ein großer Felsbrocken herumliegt, an den diverse Schilder geschraubt sind. Eins mit der Höhe dieses Ortes (1142 Meter), eins zur Erinnerung an die Gauß'sche Vermessung, nach der der Brocken neben dem Hohen Hagen und dem Großen Inselsberg den Eckpunkt eines riesigen Dreiecks bildet. Rund um diesen Felsbrocken sind weitere Schilder und Pfeile in die Erde eingelassen, die in die vier Himmelsrichtungen zeigen. Das System, nach dem Städte und Berge mit der Angabe ihrer Entfernung in Kilometern hier dokumentiert sind, erschließt sich mir nicht. Ich gehe einmal die Runde: Harzburg, Wernigerode – das ist klar, die Städte kann man bei guter Sicht ja in der Ferne erkennen. Aber warum um Himmels willen Madrid und Rom?

Weiter vorn sehe ich eine kleine Hütte, die mich sehr an die Raucherhütte damals vor meiner Kurklinik erinnert. Allerdings war in dieser hier Goethe zu Besuch gewesen. Um das zu belegen, ist eine Gedenkplatte angebracht, die zwar Goethe im Profil zeigen soll, aber stark an Casanova erinnert. Es handelt sich bei diesem Ort um das sogenannte »Wolkenhäuschen«, das 1736 aus Felsbrocken gemauert wurde. Eigentlich erinnert die Hütte eher an eine geräumige Bushaltestelle, bloß dass es ja damals noch gar keine Busse gegeben hat ... In ihr dunkles Inneres verzieht sich außer mir gerade eine Gruppe völlig durchgeschwitzter und erschöpfter Pfadfinder, die auf den Bänken neben ihrem schweren Gepäck und ihrem Fähnlein Fieselschweif ausruhen. Der Anblick beruhigt mich irgendwie. Wenn sogar diese jungen, kräftigen Burschen nach dem Aufstieg so erledigt sind, muss ich mich auch nicht schämen. Als ich wieder aus der Hütte heraustrete, entdecke ich noch einen großen Gedenkstein für Heine, der ebenso im Profil verewigt wurde – natürlich. Nur dass er darauf aussieht wie Rosa Luxemburg.

Ich habe keine Lust, die Strecke direkt wieder hinunterzulaufen, und beschließe spontan, im Brockenhotel zu übernachten. Eine richtige Rezeption gibt es hier nicht. Dazu muss ich noch einmal mit dem Fahrstuhl rauf in die »Hexenklause«, die Kellnerin ist offenbar gleichzeitig die Rezeptionistin des Hotels. Sie steht hinter dem Tresen, über ihrem Kopf thront eine verstaubte Spirituosensammlung, und gibt mir freundlich, aber bestimmt zu verstehen, dass sie nur noch Mehrbettzimmer anzubieten habe. Ich bin so froh, überhaupt ein Bett für diese Nacht zu haben, dass ich freudig das Zimmer buche. Billig ist das nicht.

Mein Zimmer liegt im zweiten Stock, es ist groß, zwei Stockbetten stehen darin, ein Doppelbett. Ich schmeiße meinen Rucksack auf das Doppelbett und stopfe erst mal alle Kekse in mich hinein, die mir als Begrüßung von den drei Kopfkissen entgegenlächeln. Komisch, eigentlich mag ich doch gar nichts Süßes. Bergluft macht eben hungrig ...

Dann kehre ich noch einmal zurück auf das Plateau. Verschiedene Grüppchen stehen verstreut darauf herum, ich nähere mich vorsichtig der ersten. In ihrem Zentrum steht ein älterer Herr, er trägt eine Mütze mit vielen Abzeichen und einen kleinen, schlaffen Rucksack über der Schulter. Ungefähr achtzig Wanderer umringen ihn sowie einige ältere Herren und junge Frauen, die Stifte und Blocks dabeihaben, einige halten Diktiergeräte oder Mikrophone in die Höhe – die Presse. »Benno, wie geht es jetzt weiter?«, rufen sie und: »Benno, wo feierst du heute Abend?«

Mit Benno ist offensichtlich der ältere Herr in der Mitte

gemeint. Hat er Geburtstag? Und wenn ja, wieso interessiert sich die Lokalpresse dafür? Ich probiere, eine der jungen Volontärinnen auszuquetschen, aber die ist so erpicht darauf, ja nichts zu verpassen, dass sie mir nur hinwirft: »Das ist Brocken-Benno.«

»Leute«, ruft Brocken-Benno in diesem Moment und hebt beschwichtigend die Hände, »Liebe Leute! Mein Freund, der Brockenwirt, hat heute alle eingeladen, um bei einem gepflegten Pils auf meinen Gipfelerfolg anzustoßen. Ihr seid herzlich eingeladen!« Ein Jubeln und Grölen geht durch die kleine Menge. »Heute war er zum 6666sten Mal oben«, erklärt mir die Volontärin nun freudestrahlend, »und er wird achtzig!« Die Gruppe setzt sich langsam in Bewegung, es geht in einen Anbau des Brockenhotels, einen langgezogenen Flachbau, und bevor der Brockenwirt die Tür zum großen Goethesaal öffnet, stellt er sich der Menge entgegen und hält eine kleine Ansprache: »Liebe Wanderfreunde, liebe Vertreter von der Presse! Als mein Freund Benno vor nunmehr 20 Jahren anfing, den Brocken zu besteigen, Tag für Tag und bei Wind und Wetter, hätte ich mir nicht im Traum ausgemalt, dass dieser rüstige Rentner und aufrechte Wandersmann es auf so viele Besteigungen bringen würde. Aber offensichtlich treibt ihn etwas Besonderes an. Hier auf diesem kargen Gipfel, der doch so viele schöne Momente bietet, steht er jetzt zum unvorstellbaren 6666sten Mal. Es ist genug Bier da, um das ausgiebig zu feiern. Bitte sagt es allen, sagt es eurer Familie, euren Freunden und euren Lesern! Es lohnt sich, hier hochzukommen!«

Nach diesen Worten kann er sich der drängenden Menge nicht mehr erwehren und öffnet endlich die Flügeltüren zum Speisesaal. An seinem schmalen Ende hängt ein großes Gemälde an der Wand, das eine Postkartenansicht der Brockengebäude um 1900 zeigt. Menschen in altmodischen Klamotten fahren Ski und rodeln. An der linken Wand befindet sich ein großer Tresen, hinter dem schon drei Angestellte des Brockenwirts auf die Feiergäste warten. Die Tische sind ordentlich aufgereiht, immer zwei zusammengeschoben und sechs Stühle daran. Als sich rumgesprochen hat, dass die Bedienung mit Tabletts voll Humpen Biers an die Tische kommt, löst sich auch der anfängliche aufgeregte Tumult am Tresen auf und es wird richtig gemütlich.

Ich trinke ein Bier, schaffe es aber nicht in die Nähe von Brocken-Benno, und halte mich also weiter an meine Volontärin. »Der Benno war im Dezember 1989 bei dem Sternmarsch dabei, da haben sie hier oben erst die Mauer aufgemacht.« Und ehrfürchtig fügt sie hinzu: »Da war ich gerade geboren. Das war alles Sperrgebiet. Hier oben waren sie alle: die Russen, die Grenzer und die Stasi.« Dann wird es lauter im Saal, jetzt stehen noch einige Festreden des Wernigeröder Bürgermeisters und des Wanderclubs an. Bald wird die Sonne untergehen, und das will ich auf keinen Fall verpassen, also bahne ich mir meinen Weg durch die feucht-fröhliche Gesellschaft ins Freie.

Flora und Klima des Brockens ähneln den alpinen Bedingungen auf 2000 Metern und – überraschenderweise – denen Islands dadurch, dass Wind und Wetter sich hier richtig austoben können. Als ob auch die Flora das wüsste, ist hier oben Isländisches Moos anzutreffen. Die Baumgrenze befindet sich wegen der exponierten Lage des Berges schon bei 1000 Metern, und was darüber anzutreffen ist, nennt sich »subalpine Mattenvegetation«. Es soll Jahre gegeben haben, da lag auf dem Brocken 200 Tage Schnee.

Das alles erfahre ich, weil ich mich zur nächsten Gruppe gesellt habe. Ein Herr erklärt ein paar mitgereisten Damen, was sie sehen, oder was sie übersehen würden. Als eine der Frauen eine Frage stellt, fasse ich es nicht: Ich erkenne doch tatsächlich die Stimme von Reglinde! Und – natürlich! – der Vortragende ist eindeutig Dr. Keller! Sie wiederum erkennen mich nicht, wie auch, ich war vor ein paar Wochen auf dem Hexen-Stieg ja nur als stille Beobachterin. Sie beenden ihre botanische Exkursion im Brockengarten und stellen sich in einem Halbkreis im Abendrot vor den Sonnenuntergang. Sie singen »Die Gedanken sind frei«. Auf der anderen Seite geht in diesem Moment ein roter Mond auf und die Landschaft, die 800 Meter unter uns liegt und langsam in blauem Dunst versinkt, gibt einem das Gefühl, man wäre auf einem riesigen Schiff in einem blauen Nebelmeer unterwegs.

Als ich wieder auf mein Zimmer komme, sind die übrigen Betten belegt, sogar auf meiner leeren Doppelbetthälfte liegt ein fremder Rucksack. Dass ich in diesem Herbergszimmer nicht allein bleiben würde, hatte ich mir schon gedacht, aber jetzt will ich doch lieber in eins der Stockbetten. Die Fenster lassen sich nicht öffnen, im Hotel ist eine Klimaanlage installiert. Vom Fenster aus sieht man auch nicht sehr weit, nur auf das Dach eines Nebengebäudes. Die Zimmer kosten hier proportional mehr, je höher man wohnt. Ich werde definitiv mehr Alkohol brauchen, um einschlafen zu können.

Ich fahre wieder hoch in die »Hexenklause«. Alle Plätze sind belegt, und es bleibt mir nichts anderes übrig, als mich lässig an den Tresen zu lehnen, der eigentlich nur als Ausschank gedacht ist. Ich bestelle einen doppelten eisgekühlten Schierker Feuerstein, der geht runter wie Öl, brennt nicht, sondern wärmt. Von hier aus kann ich direkt in die winzige Küche sehen, die sich hinter dem Tresen öffnet. Zwei Köche hantieren in ihr, es ist so eng, dass sie auf Zehenspitzen aneinander vorbeitänzeln müssen, wenn sie etwas aus den Schubladen oder Schränken holen und dann wieder zum Herd wollen. Ich lehne mich an die dem Tresen gegenüberliegende Wand und ziehe den Bauch ein, wenn eine Kellnerin vorbeimuss, um die Bestellungen vom Tresen abzuholen. Ich stehe im Weg, ich weiß, aber ich möchte auch noch nicht vertrieben werden. Den zweiten Schnaps trinke ich langsamer. Plötzlich werde ich neben mir eines hellen Huts mit Abzeichen gewahr. Wortlos gießt die Frau hinter der Bar einen weiteren Doppelten ein – nur nicht für mich. »Prost, meine Kleene, der Trubel unten ist mir zu viel!« Brocken-Benno kippt sich den Schnaps mit einem Ruck hinter die Binde und stellt sein Glas wieder auf die Theke, ihm wird sofort nachgeschenkt. Ich proste ihm zu, aber ohne ein weiteres Wort dreht er sich um und wendet sich wieder Richtung Treppe.

Mich überkommt Bettschwere, und ich mache mich kurz nach Benno davon. Als ich die Tür zu meinem Herbergszimmer öffne, ist darin schon ordentlich was los. Ältere Herrschaften nur in Socken und Unterhemden laufen herum, die Luft hat einen muffigen Geruch angenommen, akzentuiert mit einer Nuance Küchendunst. Richtig, die Fenster lassen sich ja nicht öffnen. Ich stelle wieder einmal fest: Ich mag keine geschlossenen Systeme. Nachdem ich meine Bettstatt getauscht und die notwendigen Sachen für die Nacht aus meinem Rucksack gekramt habe, versuche ich einen immer stärker werdenden Fluchtreflex zu unterdrücken. Im Grunde ist das hier doch wie auf einer Berghütte, denke ich krampfhaft und versuche zu ignorieren, dass ich überhaupt nicht mit den Gepflogenheiten auf einer solchen vertraut bin. Am ehesten lässt sich die Situation wohl mit einer Klassenfahrt vergleichen, nur dass ich in diesem Fall meine Mitschüler noch nie gesehen habe und sie außerdem 60 plus sind. Nachdem sie ihre beigefarbene Wanderbekleidung abgelegt haben, gelingt es mir auch schon fast, sie zu unterscheiden. Drei Mann haben sich an den Tisch gesetzt, spielen Skat und lassen sich durch nichts stören. Als Letzte kommen Reglinde und Dr. Keller herein und machen mir unmissverständlich klar, dass es sich um die Botaniker-Gruppe mit der Liebe zum deutschen Liedgut handelt, mit der ich mein Nachtlager teile. Reglinde und Dr. Keller nehmen sich das Doppelbett und ich hoffe nur, dass sie es bloß nicht krachen lassen.

In dieser Nacht werden meine Gebete nicht erhört, aber immerhin zeigen Reglinde und Dr. Keller ein vorbildlich-rücksichtsvolles Koitusverhalten, das sie wohl in vielen Hüttennächten trainiert haben müssen. Außer dem rhythmisch knarzenden Bettgestell und ein paar unterdrückten Seufzern ist nicht viel zu hören. Ich starre noch ein bisschen auf die Wand hinter meinem Bett und schlafe dann doch ziemlich schnell ein. Am nächsten Morgen beschweren sich die Herrschaften doch tatsächlich bei *mir*, weil ich ziemlich laut geschnarcht haben soll.

Das Frühstück wird im Goethesaal eingenommen. Falls der gestrige Abend Spuren hinterlassen hatte, sind diese bereits restlos beseitigt worden. Das Buffet ist ziemlich üp-

pig und ich lasse mir Zeit. Ich habe keine Lust, hinunterzulaufen, und so stiefele ich bei meinem morgendlichen
Rundgang über das Plateau zu dem kleinen Bahnhof, der
ein paar Meter unterhalb des Hotels liegt. Ich werde den
Berg mit der Brockenbahn hinunterfahren. Die erste Bahn
fährt erst um elf Uhr und ist zu meiner Überraschung
baugleich mit der kleinen Dampfeisenbahn, die damals
als einzige Touristenattraktion durch meinen Kurort fuhr.
Auch dieses Mal hängen fanatische Eisenbahnfans während der Fahrt aus den Fenstern und stehen auf den Plattformen, um nostalgische Impressionen in ihren Digital-
kameras zu versenken. Obwohl meine Kurort-Eisenbahn
nur schleichend durch Flachland fuhr, war der Aufenthalt
auf den offenen Plattformen während der Fahrt verboten
und die Eisenbahnschaffner hatten alle Hände voll damit
zu tun gehabt, die Passagiere zur Ordnung zu rufen. Hier
dagegen, bei ziemlich rasanter Serpentinen-Fahrt abwärts
vom Brocken, schert sich niemand darum. Und so lasse
ich mir die frische Zugluft um die Nase wehen und mein
Gesicht von den Baumzweigen peitschen. Mir ist zwar ein
bisschen mulmig, aber ich erfreue mich an dem schönen
Ausblick und an Orten mit lustigen Namen wie »Drei
Annen Hohne«, durch die wir zuckeln. Mit der Zeit wird
es zugig, und ich kehre in eine Art Salonwagen ein, der
dunkle Rauch der Dampflok zieht jetzt an den Fenstern
vorbei und hinterlässt die nächste Rußschicht auf ihnen.
Ich bestelle mir gemütlich einen Schierker Feuerstein.

Am Abend, zurück in meinem Hotel am Ortsrand von
Ilsenburg, bin ich zwar erschöpft, aber die Schmerzen in
Rücken und Schulter sind weg, ebenso die irritierenden
Taubheitsgefühle. Das Wandern scheint doch etwas zu

bringen. Jetzt habe ich ordentlich Hunger und mache mich auf in das Hotelrestaurant. Auf dem Weg dahin betrachte ich eindringlich zwei Schaukästen. Beide tragen den Titel »So stirbt der Wald«. Neben den plastischen Exponaten verschiedener Baumzweige werden dem Betrachter Fraßbilder von Käfern präsentiert. Außerdem sind Waldschädlinge in verschiedenen Stadien der Entwicklung ausgestellt: Schmetterlinge und Motten, deren Raupen alles auffressen, was ihnen in den Weg kommt. Besonders dekorativ ist das Werk eines Tierchens namens Kupferstecher, weswegen man ihm wohl auch diesen Namen verliehen hat. Im Restaurant selbst hängen dann Teile von größeren Tieren an der Wand, ein Wildschweinkopf neben einem Hirschgeweih, Rehgeweihe und so eine Art Steinbockkopf. Auf den Fensterbrettern stehen kleine Gipsgänse, künstliche Sonnenblumen und Halloweenkürbisse, auch aus Gips. Das versammelte Getier und sogar das Gemüse starrt mich an, als ich Hirschgulasch bestelle.

Ich habe mir angewöhnt, nach einem Wandertag zur Entspannung ein bisschen schwimmen und thermalwasserplantschen zu gehen, zum Beispiel in der Therme in Thale. Ich war schon vor der Rückengeschichte nicht besonders gelenkig, aber jetzt geht es noch schlechter und so versuche ich beim Bücken und anderen Bewegungen dieser Art, die Hinweise aus der Rückenschule genau zu befolgen, damit es nicht plötzlich wieder »peng« macht. Die Umsetzung ist nicht besonders platzsparend und die Einzelumkleidekabinen im Nassbereich sind nicht besonders groß. Ich fange mir also jedes Mal verständnislose Blicke ein, wenn ich die Tür mit der Aufschrift »Familienumkleide« öffne. Ich bin kurz davor, nach meinen imaginären Kindern Jasmin und David zu rufen, um nicht sofort als unbefugter Familienumkleidebenutzer enttarnt zu werden, der moralisch noch hinter dem Suppenküche-obwohl-er-es-gar-nicht-nötig-hat-Ansteller zu stehen scheint.

Komischerweise wird das Bad auch nur von Familien mit Kindern und Rentnern bevölkert. Die Hauptattraktion ist aber nicht die große Rutsche oder das Thermalbecken mit sphärischer Schwingungsmusik, sondern der Bademeister. Er misst 1 Meter 55, ist energisch gebräunt und sein Schnauzer und seine schulterlangen Haare haben einen Farbton, der wohl aufgrund einer nicht kontrollierbaren chemischen Reaktion von Wasserstoffperoxyd und Chlor zwischen Silbrigweiß und Quittengelb changiert, abgerundet durch einen modisch-kecken Touch Grün. Einige Badegäste stoßen sich die Köpfe am Beckenrand, weil sie den Blick nicht von Mini-Hulk wenden können und so den Augenblick verpassen, an dem sie wenden müssen. Der Meister steht breitbeinig am Beckenrand und spannt in kurzen Abständen seine Trizeps-, Quadrizeps- und Wadenmuskeln an. Das tut er die ganze Zeit.

Trotz dieses Schauspiels versuche ich mich auf meine Bewegungen zu konzentrieren. Richtig schwimmen kann man hier zwar nicht, das Becken ist viel zu klein, aber an den Rand hängen und ein paar wassergymnastische Übungen machen, die die versteinerte Muskulatur lockern, das geht. Das Wasser enthält irgendwelche Mineralien, die angeblich orthopädische Genesungen unterstützen sollen. Daran glaube ich fest und darum ist es auch in Ordnung, dass mir das Wasser mal wieder viel zu warm ist. Sicher wegen der Wirktemperatur, ähnlich wie damals beim Moorbad auf der Kur. Ich lerne dazu und bin stolz.

Kyffhäuser und Pferdeklöten

Der Kyffhäuser gehört gar nicht mehr richtig zum Harz, das glaube ich jedenfalls. Auf meiner Kosmos-Wanderkarte ist er zwar noch mit drauf, aber je weiter ich reise, desto klarer wird mir, dass ich an den Zonenrand des ehemaligen Zonenrandgebirges fahre. Hier wird man nicht von jeder Seite von Hexen besprungen, dafür von Kriegsdenkmälern. Mein Plan ist es, den Kyffhäuser von Südwest nach Nordost zu durchqueren. Als Startpunkt wähle ich das »Bauernkriegspanorama« von Werner Tübke in Bad Frankenhausen, das sich in einem eigens dafür errichteten Gebäudekomplex auf dem Schlachtberg befindet. In einem riesigen Rund ist hier die größte existierende bemalte Leinwand zu bestaunen. Tübke und seine Helfer brauchten dreizehn Jahre, um es in altmeisterlicher Manier mit 1000 Bezügen zu Kunstgeschichte und Geschichte zu spicken. 1525 fand nämlich genau an dieser Stelle die letzte große Schlacht des deutschen Bauernkrieges statt.

Es ist Spätherbst, ein sonniger Tag, ich wandere auf einem einsamen Schotterweg, diesmal bin ich wirklich allein unterwegs. Nach einer Stunde einsamen Gehens raschelt es lauter als gewohnt im Unterholz hinter mir. Wenn man ganz allein im Wald ist, kann man sich schon mal täuschen bei der Größe von Tieren, die man anhand ihres Geraschels ermittelt. Wenn man sich dann doch traut, hinzusehen, wird aus dem Wolf schnell eine Amsel, die mit ihrem Schnabel das trockene Laub nach Käfern und Würmern durchpflügt. Doch diesmal ist das Geräusch wirklich viel lauter. Ich drehe mich vorsichtig um und auf dem hellen Kiesweg steht mir doch tatsächlich in einiger Entfernung ein Wildschwein gegenüber. Ich bleibe stehen, das Schwein bleibt stehen. In meinem Kopf wirbelt alles durcheinander: Soll ich wegrennen? Aber ich bin doch so langsam! Soll ich auf einen Baum klettern? Aber das kann ich doch gar nicht! Soll ich meine Jacke ausbreiten, so dass ich wie ein noch viel größeres Tier wirke (das habe ich mal gelesen)? Soll ich auf das Schwein zugehen und darauf vertrauen, dass es mehr Angst vor mir hat als ich vor ihm? Aber das glaube ich mir ja selbst nicht! Soll ich ihm direkt in die Augen sehen oder gerade nicht?

Am Ende bleibe ich angewurzelt stehen. Eine halbe Minute kann sehr lang sein. Das Schwein macht ein paar Grunzgeräusche, dreht schließlich ab und verschwindet wieder im Unterholz. Mir wird mit erbarmungsloser Deutlichkeit bewusst, was für ein kleines Staubkorn im Universum ich doch bin. Jetzt bin ich wieder ganz allein und nur die Astaugen der Buchen sehen mich an. Es sind 20 Grad, die Sonne scheint, ich atme tief durch und beruhige mich wieder. Anfangs drehe ich mich noch alle paar Schritte um, doch das Wildschwein ist nicht mehr zu sehen. Schneller bin ich noch nie den Rest eines Weges gegangen. Dann wird es lichter und der Wald weicht Streuobstwiesen, ich probiere von den Äpfeln, sie sind winzig, aber so aromatisch! Man kann schon von hier aus oben auf dem Berg das Monument sehen.

Ein letzter Aufstieg liegt noch vor mir bis zu dieser historisch mehrfach besetzten Stelle – hier thronten über Jahrhunderte Reichsburgen und Hofsitze, und jetzt steht da immerhin ein kombiniertes Barbarossa- und Kaiser-Wilhelm-Denkmal, ganz oben. Von hier aus sieht man das ganze umgebende Land, wie ein grünes Meer breiten sich die Felder aus bis zum Horizont. Ein strategischer Herrschaftssitz, der Kaiser konnte einen Gutteil seiner Ländereien überblicken und feindliche Heere im Anmarsch frühzeitig entdecken. An der Südwestseite des kleinen Gebirges befindet sich der Sage nach die Höhle, in der ein Stauferkaiser schlafend auf irgendetwas warten soll, aber er ist nicht Dornröschen, sondern Barbarossa mit dem großen Bart, und wenn etwas passiert, wehe! Friedrich I., der alte Kaiser, sitzt schon so lange schlafend an seinem steinernen Tisch, dass der Bart um diesen herumwächst. Alle hundert Jahre erwacht er, und wenn dann die Raben noch um die Burg kreisen, kehrt er wieder in die Höhle zurück und schläft ein weiteres Jahrhundert. Wenn sie aber nicht mehr kreisen sollten, dann wird er in die letzte Schlacht zwischen Gut und Böse reiten.

Oben auf dem Berg ist das riesige Kyffhäuserdenkmal zu sehen und die Szene, wie der alte Kaiser schlafend sitzt, beide Hände in seinen Bart verkrallt, ist von einem Bildhauer in Sandstein gehauen worden. Über dem Steinkaiser sitzt einer seiner Nachfolger, Wilhelm I., hoch zu Ross. Er ist nicht aus Sandstein gemacht, sondern aus Kupfer getrieben und wenn man, von Barbarossa kommend, zu ihm hinaufsteigt, erspäht man vor allem erst mal den Bauch seines Rappens und die fein ausgearbeiteten Eier des Tieres, anatomisch korrekt und durch die Froschperspektive überdimensioniert. Das Pferd reitet mit Wilhelm stolz ins Leere, also sinnbildlich eher in die Zukunft.

Wahrscheinlich findet man auch nirgendwo auf der Welt ein Reiterdenkmal, auf dem der Fürst oder Staatenlenker etwa auf einer Stute oder – o Gott! – auf einem

Wallach sitzt. Die Krönung des Ganzen ist ein Turm mit einer sechs Meter hohen Kaiserkrone darauf. Angesichts der Größe und Grobschlacht dieses Denkmals bin ich heilfroh, dass ich nicht ausgerechnet in der wilhelminischen Ära leben musste.

Ich bin dann doch glücklich, als ich endlich wieder im Zug sitze. Aufgrund meiner Wildschweinbegegnung bin ich viel zu schnell gegangen, was sich jetzt in einem Ziehen in allen Gliedern bemerkbar macht. Ich komme in einem Waggon mit Mutter, Vater und drei Kindern zu sitzen, die permanent aufeinander einreden. Zur weiteren Unterhaltung aller legt der Papi sein Handy auf den Tisch, daraus erschallt ein Schlager von Michelle featuring Matthias Reim. Der fünfjährige Sohn fällt zu allem Überfluss lauthals und begeistert in den Refrain ein: »du hast mich auch schon damals nicht verstanden, du Idiot/ich könnt' dich heut' noch dafür prügeln«. Es folgt eine leierhafte Mittelaltermucke, auch die kann der Sängerknabe mitträllern: »Drei Falken kreisen überm Feld/da unten liegt ein toter Held«.

Am nächsten Tag schleiche ich mehr durchs Büro, als zu gehen, wegen höllischen Muskelkaters kann ich mich nämlich kaum bewegen.

Selketal

Mein nächster Ausflug ein paar Wochen später führt mich ins Selketal, mein Startort heißt Mägdesprung, von dort sind es noch mal fünf Kilometer bis zur Selkemühle, wo ich in einer Gaststätte einen Kaffee trinke und eine Suppe esse. So wie ich stets den Rat reisender Diplomaten »Never miss a piss!« beherzige, habe ich es mir mittlerweile auch zur Regel gemacht, immer wenn möglich einzukehren. Mein Magen wird es mir danken.

Gegen 13 Uhr geht es dann auch wieder weiter, der Weg ist genauso flach wie im Wanderführer beschrieben und so begegnen mir auch nur einige Radfahrer, keine Wanderer. Trotzdem wird gegrüßt. In diesem Naturschutzgebiet ist das Klima an diesem Tag feucht-heiß, ganze Geschwader von Insekten umkreisen mich. Die Wiesen am Ufer der Selke sind frisch gemäht. Ein paar Kühe grasen auf den Weiden und helfen mit, dass eine »liebliche Flusslandschaft« entsteht. Das ist ein Ding: Es heißt »Naturschutzgebiet« und ist doch ganz und gar Kulturlandschaft, vom Menschen geformt und nun für besonders schützenswert erklärt. Die Natur jedenfalls würde die Wiesen hier sicher nicht so schön akkurat kurz halten, sondern vielmehr alles zuwuchern und von dem Flüsschen würde man auch nicht mehr viel sehen. Ich gehe weiter und laut Wanderführer erwarte ich nach acht Kilometern eigentlich eine Burg, zu der ich hinauf will. Ich sehe sie auch von weitem, aber kein Wegweiser und kein Pfad weist mir den richtigen Weg dorthin und so verschwindet die Burg wieder aus meinem Blickfeld.

Ich wandere weiter, habe mich schon mit einem Kein-Burg-Ausflug abgefunden, da sehe ich doch das sehnsüchtig erwartete Schild: »Eselsstieg zur Burg Falkenstein«. Ich renne drauflos, endlich, denn die ebene Strecke hat mich nicht gefordert, es geht bergauf und schon nach wenigen Metern mache ich schlapp, klitschnass. Ich drossele das Tempo. Ich lerne es nicht.

Oben angekommen, begrüßt mich wieder ein Stempelkasten der Harzer Wandernadel, dahinter gutgelaunte Besuchergruppen, die nicht zu Fuß hergekommen sind. Eine kleine Touristenbahn, die aussieht wie eine Kindereisenbahn, zockelt heran und kippt eine Menge Erwachsener in alberner Mittelalterkleidung vor dem Burgeingang aus. Eine Hochzeitsgesellschaft stellt sich zum Gruppenfoto auf. Ich habe Hunger und Durst und die Burg ist eindeutig eine Einkehrmöglichkeit. Auf dem Burggelände befindet sich eine Kneipe, in die ich aber nur komme, wenn ich 4 Euro 50 Eintritt für das Burggelände hinblättere. Natürlich zahle ich, denn es gibt keine Alternative, und mein Credo gilt: Immer einkehren, wenn möglich.

Ich gehe dann doch nicht in die Kneipe, weil dort der Rest der Hochzeitsgesellschaft herumlungert. Es gibt ja hierzulande nicht sehr viel Langweiligeres als Hochzeitsgesellschaften. In Polen habe ich schon Beerdigungen erlebt, die fröhlicher waren als deutsche Hochzeiten. Auf dem Burghof ist ein Zelt aufgeschlagen, es gibt einen Imbiss und ich futtere mich durch das gesamte Angebot: eine Bratwurst, eine Fettbemme und danach einen Pfannkuchen. Ich bin zu erschöpft, um mich für die Burg zu interessieren, die augenscheinlich vor allem als Kulisse für diverse Events genutzt wird. Und dann ertappe ich mich doch tatsächlich dabei, wie ich den Fahrer der kleinen Bimmelbahn frage, ob er zurückfährt – er tut es, aber in die falsche Richtung. Auf diese Weise bewahre ich glücklicherweise meine Wandererwürde und steige den Eselsstieg wieder hinab.

Ich will in den nächsten Ort, um von dort nach Hause zu kommen: Meisdorf. Ich gehe wieder ein bisschen schneller – zu schnell –, weil ich nicht genau weiß, wie weit es bis dahin ist. Auf der Straße, die der einzige mögliche Weg ist, ist zum Glück kaum Verkehr und zu meiner Linken begleitet mich noch immer die »liebliche Flusslandschaft«, einen Wanderweg gibt es leider nicht mehr. Endlich das Ortsschild, dahinter das Schlosshotel, ich schaffe es erschöpft bis zur Bushaltestelle.

Als ich wieder zu Hause bin, weiß ich, mit dem Harz bin ich fürs Erste fertig, obwohl die gesamte Westseite noch unerschlossen vor mir liegt. Aber die muss warten. Für meine nächsten Ausflüge orientiere ich mich in Richtung Süden, mein nächstes Etappenziel ist das Elbsandsteingebirge.

Ich wandere in der Sächsischen Schweiz

Man kann ja eigentlich nichts für das Land, in dem man geboren worden ist. Irgendwie ist es ein großer kosmischer Zufall und doch zieht man Achtung und manchmal auch alle Häme auf sich, nur weil man aus einer bestimmten Region kommt. Ich bin zum Beispiel aus Leipzig in Sachsen. Gut, wir haben Bach, aber wir haben eben auch diesen Dialekt, der den Ulbrichtsound nicht loswird. Zwar sind meine Landsleute und vor allem ihre Sprache verrufen, aber dafür ist es mir natürlicherweise vergönnt, meine Nachbarn, die Sachsen aus Dresden, ohne Probleme zu verstehen, obwohl ihr Zungenschlag schon wieder ein bisschen anders ist als der Leipziger. Ein Privileg, um das mich viele Ethnologen, Touristen und Linguisten beneiden. Die anderen Nachbarn, die Sachsen-Anhaltiner, in deren Hoheitsgebiet der Ostharz liegt, sind der Meinung, sie sprächen astreines Hochdeutsch. Anders als wir eingeborenen Sachsen. Mit den Worten der Sachsen-Anhaltiner: klores Hachdeutsch.

Rund um Leipzig gab es nur die Leipziger Tieflandsbucht und die war nicht nur, wie der Name schon sagt, tief gelegen, sondern von den Kohlebaggern auch einmal komplett umgegraben worden. Die einzigen Erhebungen in meiner unmittelbaren heimatlichen Umgebung waren die Abraumhalden der Braunkohlegruben und im Connewitzer Holz, einem Reststreifen Wald, den die Bagger stehengelassen hatten, ein Schuttberg, auf den die Reste der Stadt nach den Luftangriffen des Zweiten Weltkriegs gehäuft wurden. Auf dem Scherbelberg, wie er genannt wird, wuchs seit den 1950ern wieder Gras und Gebüsch und als ich klein war, gingen wir immer zum Rodeln hin. Aber nur eine Trabantstunde südlich ging es los: Schon das Unstruttal schnitt sich in eine hügelige Gegend und dann kamen das Elbtal und die Sächsische Schweiz.

Das Gebiet der Sächsischen Schweiz ist seit gut 200 Jahren erschlossen, so um 1800 fing man an, zum Vergnügen nach draußen zu gehen, dorthin, wo sich sonst nur Bauern und arbeitendes Gesinde aufhielten. Erschlossenes Gebiet bedeutet, dass man Wege freihält, sie markiert und pflegt, dass man Leitern baut, Treppenstufen in den weichen Sandstein haut, Treppengeländer anbringt, Wege mittels Steinplatten befestigt, und das alles, damit auch Nichtbergsteiger gut die Steigungen hochkommen. Und das tun sie. Schließlich will nicht nur ich die Naturschönheiten genießen. Und nicht nur die Touristen kommen, auch der Dresdner liebt seine Sächsische Schweiz. Vor allem an sonnigen Wochenenden, eben dann, wenn ich mich auch aufraffe, sind Kind und Kegel zur berühmtesten Felsformation, der Bastei, unterwegs und natürlich auch zu den anderen zahlreichen Felsen, die aus dem Elbtal ragen. Die Landschaft ist ja im Grunde flach mit sogenannten Tafelbergen und Felsnadeln. Das heißt, der Wanderer muss nicht besonders viele Höhenmeter überwinden, dafür aber knackige Anstiege.

Sächsische Familienclans schieben sich die Stahltreppen hinauf und wieder herunter, »Was für eine schöne Aussicht!«, was für eine schöne Sonntagsstimmung. Hinauf und hinunter, unverzagt. Opas hieven Kinderwagen über die Felsen und tragen Kleinkinder huckepack hinauf. Ich glaube nicht, dass ein Einjähriger die Aussicht vom »Kuhstall« besonders genießen kann. Das ist der Name einer Felsformation, die wie durch einen riesigen Torbogen eine schöne Aussicht ermöglicht. Keine Ahnung, warum sie ausgerechnet »Kuhstall« heißt. Ich glaube, es geht hier eher um das Gemeinschaftserlebnis und darum, dass Opa am Sonntag mal ausgelüftet wird. Mit der Elbfähre lässt man sich von einem Ufer zum anderen schippern, da hilft nur eine kleine Anschubmotorisierung und ansonsten wird das Bötchen mit der Strömung über den Fluss befördert, an einem Stahlseil entlang. Auf der Fähre erzählt eine Jack-Wolfskin-Frau der anderen: »Kennst du die Jack-Wolfskin-Reklame, die mit den drei Zinnen? Da sind wir letztes Jahr in den Urlaub hingefahren, das ist in den Dolomiten. Ich habe mir da solche Blasen gelaufen und auch noch einen eitrigen Zehennagel geholt, dass ich nur noch in Flipflops laufen konnte. War nicht mehr viel mit Wandern.« Die andere starrt derweil angeekelt in die Elbeströmung.

Gute Laune und Gemütlichkeit findet man dann wieder in den Ausflugslokalen vor, die auf den Bergen installiert sind. Man selbst quält sich natürlich den steilen Wanderweg hinauf, während manch fröhlicher Zecher die asphaltierte Straße genommen hat. Kutschfahrten, Betriebs- und Kegelclubausflügler, die sich von Pferden nach oben ziehen lassen. Manchmal fährt sogar ein Bus hinauf. Dann sitze ich bei meinem »Gleddorbier« (für Nichtsachsen: »Kletterbier«), der Schweiß trocknet langsam am Körper, gemäß der Theorie, erst die dritte Lage außen, dann die zweite, dann die erste – meine Funktionsunterwäsche. Natürlich ist das kein anständiges Gleddorbier, das trinken nur die richtigen Kletterer nach dem Gleddorn. Auch von ihnen wimmeln an den Wochenenden die 1100 besteigbaren Gipfel. Man kann dann neben den Gipfelkreuzen kleine, bunte Punkte erkennen, die sich bewegen – das sind die sächsischen Gleddoror. Sie folgen einer besonderen Tradition, ihre Kletterregeln sind alt und so ausgelegt, dass sie den relativ weichen Sandstein beim Klettern schonen.

Erosion und Wasser haben dagegen dem Sandstein zugesetzt, aber die hatten auch ein paar Jahrtausende mehr Zeit. Stehengeblieben sind in der gut überschaubaren Landschaft zerklüftete Berge, Grate und Nadeln und sie alle sind sehr hübsch anzuschauen und in ihren Schluchten ist es auch im Sommer schön kühl. Die so entstandene Felsenlandschaft, die am häufigsten mit den Begriffen »wildromantisch«, »bizarr« und »pittoresk« beschrieben wird, zog in der Romantik viele Maler an, das Innere ihrer Seele in der Landschaft suchend. Zum anderen gab es easyJet noch nicht und man musste sich eben mit dem fußläufig oder kutschenrädrig Erreichbaren begnügen.

Dem Wanderer stellen sich überall Hinweistafeln entgegen, hier war nicht überall Goethe, dafür aber Caspar David Friedrich und seine Malerkollegen. Kenner haben die Bilder mit der Wirklichkeit verglichen und einige Standpunkte markiert, von denen aus wildromantisch und hemmungslos aquarelliert wurde. An diesen Punkten kann man nun entlang des »Malerwegs« vorbeiwandern. Er hat einige Etappen und ich beschließe, im Rahmen meiner Wochenend-Möglichkeiten ein paar davon abzuklappern.

Der Malerweg: Liebethal–Uttewalder Grund, Bastei

Ich will über Dresden weiter nach Pirna fahren, um ein bisschen zu wandern. Weil ich – typisch für mich – überpünktlich am Bahnhof bin, habe ich viel Zeit, die Wagenreihung zu studieren und die weiteren Stationen, die der Zug anfahren wird. Der EC fährt weiter nach Villach, irgendwo in Österreich, er ist bis abends halb elf unterwegs. Die Ansage, dass Wagen 126, der Speisewagen, fehlt: »Wir bitten um Entschuldigung.« Ansage vom Nachbargleis, dass die Regionalbahn nach Wismar mit zehn Minuten Verspätung abfährt, weil noch auf einen Anschlusszug gewartet werden muss: »Wir bitten um Entschuldigung.« Vom anderen Bahnsteig tönt es: »Beim Zug nach Schiphol fehlt Wagen Nummer 4. Wir bitten um Entschuldigung.« Ich steige ja nie mehr ohne etwas zu trinken und zu essen in einen Zug, so dass mich der fehlende Speisewagen in meinem Zug nicht stört.

Ich sitze in einem überhitzten, stinkenden Großraum-abteil, draußen fährt nebliges Herbstwetter an uns vor-über, doch ich habe gute Laune, ich bin unterwegs. Diese Strecke muss in einem japanischen Reiseführer als be-sonders sehenswert beschrieben worden sein, der Zug ist voller japanischer Rucksacktouristen, die aus den Fens-tern heraus die Landschaft fotografieren. Draußen ziehen Felder vorbei, stehengelassene Sonnenblumen auf einem Feld, die Köpfe gesenkt und schwarz verwittert, die Stängel dürr und gelblich strohig. Pferde recken dem Regen ihre Kruppen entgegen. Die Felder sind durch Baumreihen säuberlich voneinander getrennt, sie zeigen fette schwarze Erde oder junges Grün. Krähen hängen unordentlich in den Lüften, weiter oben ziehen Gänse in ordentlichen geo-metrischen Formationen dahin.

Ich lasse mich mit dem Taxi vom Bahnhof Pirna zum Anfang des Malerwegs in Liebethal fahren, da der Bus erst in 30 Minuten kommt. Es ist Wochenende, und ich habe auch nicht ewig Zeit. Hier ist Wald, den Deutschen zieht es in den Wald und so auch mich. Ich will allein sein. Ich bin es. Eine leise Angst steigt in mir auf, eine Hänsel-und-Gretel-Angst, und ich bin rotkäppchenaufgeregt. Es ist richtig düster und es geht gleich gut los – Landschaft auf LSD. Der Weg folgt einem rauschenden Fluss durch eine Schlucht, die sich dieses nicht gerade imposante Rinnsal ganz allein gegraben hat. Durch das Blätterwerk blitzt jetzt die Sonne und hinterlässt bunte Leuchtspuren im Inneren meiner Schädeldecke. Gleich zu meiner Linken wächst ein riesiges Wagner-Denkmal urplötzlich aus dem Fels, »dem Meister« gewidmet, steht auf einer Tafel darunter. Hier hat er Lohengrin gefunden. Also die Inspiration dazu. Aha, denke ich, Richard Wagner, das war doch der, der diesen coolen Soundtrack zu *Apocalypse Now* komponiert hat ... Aber ich bin ja nicht wegen der Musiker hier, sondern wegen der Maler.

Die ganzen Romantiker, inklusive Caspar David Friedrich, sollen hier langgezogen sein und die Felsen aquarelliert haben. Weiter geht es, immer an dem Fluss entlang, der Wesenitz, ehemals klappernde Mühlen sind zu passieren, nach ihrem fröhlichen Mühlendasein wurden sie zu Gästehäusern umfunktioniert und dann auch als solche aufgegeben. Jetzt verrotten sie langsam am Mühlbach. Ich gehe weiter, am Fuß der nass-satten Felsen mit ihren tropfenden Farnen entlang. Nach der Wagner-Schlucht geht es dann über ein paar Dörfer, über ein paar Felder, ich bin froh, als ich wieder in den Wald komme, bin »ganz allein auf weiter Flur« unterwegs. Die Strecke ist gut ausgeschildert, bis ich zu einer Weggabelung komme. Ein Weg geht nach links, der andere nach rechts, aber das Schild weist eindeutig geradeaus. Ich überprüfe, ob irgendwelche Halunken den Wegweiser verdreht haben. Es sieht nicht so aus. Geradeaus ist jedoch nur eine steile Schlucht, es geht abwärts. Ich lese noch einmal in meinem Wanderführer nach und verstehe: Das also ist mit »es geht jetzt steil hinab« gemeint. Ich fluche, befreie mich aus den Schlaufen meiner Nordic-Walking-Stöcke, damit mir nicht auch noch die Stöcke ins Gehege kommen, wenn ich stürze. Außerdem brauche ich bei diesem Abstieg meine Hände. Mein Knie grüßt mich bei jedem Schritt, da ich auf den rutschigen Steinen nicht springen kann, muss ich mich ein paarmal auf den Hintern setzen, um die nächste »Stufe« zu erreichen. Unten angekommen, überquere ich dann stolz und leichtfüßig ein Flüsschen, habe ich doch soeben eine ganz andere Herausforderung mit Bravour gemeistert. Es geht dann auch sofort wieder aufwärts und das gelingt mir viel besser.

Wieder oben angekommen, laufe ich ein Stück Straße entlang. Ein älteres Paar kommt mir entgegengewandert. Der Mann – sein Goldzahn blinkt – fragt mich, ob ich aus dem Grund komme. Ich bejahe und warne sie: »Es ist sehr steil.« Er sieht an mir hinunter und bleibt an meinen Schuhen hängen: »Die sehen doch aber gut aus.« Ich sehe ebenfalls an mir hinunter und begreife, an meinen Schuhen angekommen, was er meint: Es hängt kein Matsch oder Schlamm daran – kein Stück. Nach diesem mehr Abrutschen als Absteigen auf feuchter Erde hätte ich schlimmer aussehen können. Ich drehe mich noch mal um und sehe den beiden nach, die den Weg, den ich gekommen bin, in umgekehrter Richtung gehen. Dabei bemerke ich, dass der alte Herr einen ziemlichen Hüftschaden hat, er schaukelt beim Gehen so hin und her. Ich finde ja wirklich, dass der Abstieg nicht der geeignete Weg für ihn ist. Aber wenn ich ihnen damit komme, erzählen sie mir bestimmt vom Krieg. Also gehe ich einfach weiter, wieder einen Feldweg entlang, durch eine Ortschaft, Lohmen, alles überpflegt hier, würde ich sagen, so wie man ein Feld überdüngen kann, die Häuser, die Gärten, dazu noch alles verrammelt und trutzburgsicher gemacht. Kein Mensch auf der Straße, nicht mal spielende Kinder oder eine Katze. Ich gelange in einen weiteren Grund, ich habe ja gelernt: So nennen sie ihre Schluchten hier, diesmal ist es der Uttewalder. Es ist schön hier, wieder so dramatisch, sogar ein bisschen Sonnenlicht fällt hier herunter auf die goldenen und roten Blätter, die überall auf den wollsackverwitterten Felsen liegen. Zwischen den Steinen herrscht eine Akustik wie in einem geschlossenen Raum. Aber es ist ja Ruhe, wenn ich nicht gerade die Akustik teste. Kaum Wanderer auf dem Weg, hier ist kein Parkplatz in der Nähe. Dann führt mich mein Weg durch das Uttewalder Felsentor – zwischen zwei riesigen Felswänden haben sich ein paar kleinere Steinbrocken beim Herabfallen so zwischen den Felswänden verkeilt, dass sie etwa zwei Meter über dem Boden hängengeblieben sind und so einen natürlichen Durchgang bilden. Ich habe ein mulmiges Gefühl beim Hindurchgehen.

Endlich erreiche ich das Gasthaus »Waldidylle«, getreu meinem Motto kehre ich ein, bekomme eine große Apfelsaftschorle und einen Teller Makkaroni mit Käse und Wurst, ohne Tomatensoße, serviert, genau wie bei meiner Oma früher. Jetzt merke ich erst, wie hungrig ich bin.

Danach sind es nur noch 1,5 Kilometer bis nach Wehlen, wo ich mich im Strandhotel für 60 Euro die Nacht eingemietet habe, trotz anfänglichem Provinzfluchtreflex, der mich abwägen ließ, nicht doch besser zum Übernachten nach Dresden zurückzufahren. Im Hotelrestaurant sitze ich am Abend mit Blick auf die Elbe, das Essen ist gar nicht so schlecht, Salat mit geräucherter Barberie-Entenbrust mit Himbeerdressing, dazu einen 2009er Grauburgunder von Schloss Proschwitz. Wirklich nicht schlecht. Schade nur, dass ich mein Wochenendbudget jetzt wirklich überzogen habe. Ich sitze vor dem weißen Tischtuch und sehe selbst aus wie eine Sau: Die Schuhe bedeckt vom Elbsandsteinschlamm, die Hosen bis an die Knie mit Matsch bespritzt, der Hintern braungelb von meiner Rutschpartie den Grund hinunter. Komisch, vorhin sah ich doch noch so sauber aus. Selbstverständlich habe ich nur Unterwäsche zum Wechseln mit. Hier scheint sich aber keiner am Zustand meiner Kleidung zu stören und ich werde trotz meines Aufzugs formvollendet bedient.

Am nächsten Morgen habe ich mir die Bastei vorgenommen, schließlich gilt die als die berühmteste Felsformation hier. Ich drehe mich zum Abschied noch einmal zum Hotel um und erkenne dabei zum ersten Mal eine fast gänzlich verblasste Schrift unter dem Putz: Da steht tatsächlich »Hotel Deutsches Reich«. Als ich über den kleinen Marktplatz gehe, vor mir die Kirche, sehe ich rechts eine Touristeninformation. Hier will ich mich doch gern beraten lassen. Der Mann hinterm Tresen empfiehlt mir ausdrücklich, *nicht* den Malerweg zu gehen: »Viel schöner ist der Weg über den Höllengrund.« Um mir das schmackhaft zu machen, sucht er nach Worten: »... der Weg ist besser, abwechslungsreicher ... na, so richtig wildromantisch eben.« Ich lasse mich überzeugen, zwar muss ich dazu ein Stück in umgekehrter Richtung den Weg von gestern zurückgehen, aber das macht mir nichts aus.

Ich wandere also durch den Höllengrund, am Steinernen Tisch vorbei und zum Schluss den Fremdenweg entlang. Der Mann in der Touristeninformation hatte recht, es ist ein sehr schöner Weg, auch wenn er sich ab dem Steinernen Tisch zusehends füllt. Es scheint wieder ein Parkplatz in der Nähe zu sein. Und oben auf der Bastei schließlich ist eine regelrechte Völkerwanderung im Gange. Die Leute drängen sich vor Würstchenbuden, öffentlichen Toiletten und Souvenirständen, wo man allerhand Tand und Geschmeide erwerben kann. Diese deutsche Sehenswürdigkeit muss mit einem extragroßen Sternchen in den amerikanischen und japanischen Reiseführern versehen sein, von beiden Völkern wimmelt es hier nur so. Gut, die Aussicht von hier ist auch absolut grandios, aber die Menschenmassen vergällen mir alles. Ich bin nicht mehr dazu motiviert, auf die berühmte Basteibrücke zu gehen, sondern besuche lieber das Schweizerhaus, das zum Gebäudekonglomerat des Hotels auf der Bastei gehört, und obwohl draußen die Massen toben, bin ich in der Ausstellung »Kunst und Natur – Maler der Sächsischen Schweiz« ganz allein. Der Hinweg hat mir gereicht, ich nehme einen Shuttlebus, der mich hinunter nach Rathen bringt. Das war fast »www«, was ich da grad erlebt habe, »Wandern wider Willen«.

Mit Martin im Kirnitzschtal

»Kann ich mitkommen?«, fragt mich Martin prompt, als ich meinen Freunden von meinen Wanderungen berichte. Er sieht mich mit einem Hundeblick an, kräuselt die Augenbrauen – das hat der doch vor dem Spiegel geübt – und ich höre mich tatsächlich »Warum nicht« antworten. Wir stimmen uns ab, was mitgenommen werden muss, das ist ja ein großer Vorteil, wenn man zu zweit unterwegs ist, da wird das Gepäck leichter – rede ich mir ein. Denn mit Martin wird natürlich gezeltet, ein Hotel kommt nicht in Frage. Martin trägt dafür das Zelt und ich packe den Kocher und ein paar Packungen Spaghetti ein. Da läuft übrigens nichts zwischen Martin und mir! O.k., wir hatten mal was miteinander, aber das ist Dekaden her, das ist verjährt. Ein bisschen komisch ist uns beiden dann doch zumute, als wir unseren jeweiligen Lebenspartnern von unserem Vorhaben berichten, aber man sollte sich nichts vormachen: Nach zwanzig Jahren des Zusammenlebens brennt selbst die Eifersucht nur noch auf Bundeswehr-Esbit-Notkocher-Flamme. »Ich brauche noch eine Uhr mit Höhenmesser, ich hab da im Katalog eine gesehen«, sage ich aufgeregt zu Martin. »Ja, klar, du wohnst ja auch im zweiten Stock«, bügelt er mich ab. Früher wäre ich jetzt vor Wut übergeschäumt, aber auch solche spontanen Emotionen kühlen sich mit den Jahren ab. So kommt es, dass wir zusammen auf Wanderschaft gehen – ohne Höhenmesseruhr.

Wir fahren mit dem EC über Dresden nach Bad Schandau, steigen dort in die Kirnitzschtalbahn um, eine Art alter Straßenbahn, und fahren bis zur Haltestelle »Ostrauer Mühle«, ein Campingplatz, auf dem wir erst mal unser Lager aufbauen.

Als wir dann loswandern, bemerke ich rasch, dass unsere unterschiedliche Kondition mir zu schaffen macht. Zwar hat Martin im Laufe der Jahre auch ein paar Pfunde zugelegt, die ihn zügeln, aber mein Tempo ist wirklich richtig langsam. Wenn ich allein unterwegs bin, fällt mir das natürlich nicht so auf, da habe ich ja keinen direkten Vergleich. Zum Glück ist Martin anpassungsfähig.

Der Wanderweg führt uns zunächst immer an der Kirnitzsch entlang, ab und zu müssen wir auf die Straße wechseln, weil die letzten Hochwasserschäden hier noch nicht von den Wegen geräumt worden sind. Als wir beim Beuthenfall in den Wald einbiegen, führt uns der Weg über Dietrichsgrund endlich in die Höhe. Nach ein paar

Stufen stehen wir plötzlich vor einer steilen, senkrecht in den Himmel wachsenden Steinwand, die aus dem Waldboden ragt. Der Bloßstock: ein einzelner Fels in der Form eines riesigen Zahns, um den der Wanderweg herumführt. Wir setzen uns für eine kurze Rast. Es ist regnerisch heute, der Wald ist feucht, typisch Herbst eben. Da es ein nasskalter Sommer war, sind die Bäume noch voller Laub und auf den Moosteppichen, die den Waldboden bedecken, sprießen ganze Pilzkolonien unter den Bäumen. »Super«, schreit Martin, »heute Abend gibt's Pilzragout!« und verschwindet im Unterholz. Ich erwäge kurz, ob ich ihm nachlaufen soll, warte dann aber erst mal ab. Schon bald ist er nicht mehr zu sehen oder zu hören.

Die Zeit vergeht und kommt mir ziemlich lang vor. Genau weiß ich es nicht, denn eine Uhr ohne Höhenmesser wollte ich mir dann auch nicht kaufen. Ich rufe nach Martin. Nichts. Ich gehe ein Stück in die Richtung, in die er verschwunden ist. Ich sehe ihn nicht, ich rufe wieder nach ihm, ich gucke mich in alle Richtungen um – nichts. Noch ein Stück kämpfe ich mich durchs Unterholz, doch dann fällt mir die alte Regel ein: Immer zu der Stelle zurückkehren, an der man sich getrennt hat. Ich setze mich also am Rand des offiziellen Wanderwegs ins weiche Moos und warte einfach ab. Irgendwann kommt Martin tatsächlich zurück, sein Gesicht glüht vor lauter Jagdfieber und er breitet eine riesige Menge unterschiedlichster Pilze, die er in seinem zusammengeknoteten Palituch mitgebracht hat, auf dem Boden vor mir aus. Nachdem ich den Fund gebührend bestaunt habe, legt er die Pilze wieder behutsam in das Tuch, damit die zarten Tierchen oder Pflänzchen – im Biounterricht zu meiner

Schulzeit war man sich darüber nicht im Klaren – nicht zerdrückt werden.

Wir wandern weiter, Martin pfeift ein Liedchen, die Pilzsammelei hat seine Laune deutlich verbessert. Etwas oberhalb des Wanderwegs liegt eine kleine, fast ebene Fläche im Sandsteinfels, wie geschaffen für eine Pause. Wir klettern auf allen vieren hinauf und ich mache mich über unseren Proviant her. Einen Moment passe ich nicht auf, so dass meine dreiviertelvolle Wasserflasche auf den Wanderweg hinabkullert, dann weiter den Berg hinunterspringt – ich gebe sie schon verloren. Eine Wandergruppe mit Kindern unten auf dem Weg bemerkt mein Missgeschick, und ein älterer Herr läuft behände der Flasche hinterher. Mir ist ziemlich bange, denn es geht doch ordentlich steil hinab. Die junge Frau der Gruppe ruft mit gespieltem Entsetzen »Opa eingebüßt!«, als man den älteren Herrn nicht mehr sieht. Die Kinder lachen. Ich nicht. Tatsächlich taucht aber der Kopf vom Opa bald wieder oberhalb der Wegkante auf. Er sieht zu mir hoch und zuckt die Achseln. Die Flasche bleibt verloren. Ich jedenfalls bin froh, dass er nicht meinetwegen in den Tod gestürzt ist, und die Wandergruppe zieht vollzählig weiter.

Nach einigen Stunden kehren wir zum Campingplatz zurück, wir sind ziemlich groggy. Martin hat vor lauter Hunger schon auf dem Rückweg angefangen, von der leckeren frischen Pilzpfanne zu erzählen, die wir ganz, ganz bald essen würden. Das Kochen unterwegs ist ja nicht so einfach, meistens löffle ich am Abend darum einfach eine Dose Bohnen oder Ravioli, sollte sich partout kein Restaurant in der Nähe finden. Doch mit Martin von der Partie sind die Ansprüche gestiegen. Schon während der Vorbereitungen für unsere gemeinsame Wanderreise strichen wir uns über unsere jeweiligen Plautzen, die mit den Jahren ziemlich gewachsen waren, zugegebenermaßen, und sinnierten über die Nahrungsaufnahme. Ich erstand sogar ein Set Plastikdöschen und -fläschchen, in die ich Salz, Pfeffer, Öl und ein paar Gewürze aus meiner heimischen Küche abfüllte. Wir haben uns fest vorgenommen, auch auf dem Campingkocher etwas mit Geschmack zu zaubern. Wir machen uns also auf zum Sanitärtrakt des Campingplatzes, waschen die Pilze und entfernen die wurmstichigen Stellen. Dann braten wir eine Zwiebel und ein bisschen Knoblauch an – das ist in unseren Augen für die Campinggerichtgeschmacksverbesserung unabdingbar – und lassen die Pilze in der Pfanne schmurgeln. Während wir die erste Dose Bier aufmachen, wird der Haufen in der Pfanne zwar immer kleiner, riecht dafür aber köstlich. Wir verzehren genüsslich unser Mahl und sind danach ziemlich erledigt.

An diesem Abend halten wir Duschen, Waschen und Zähneputzen für überbewertet und legen uns bald hin, da die Knochen nach der Horizontalen verlangen. Bereits nach einer Weile wache ich jedoch mit einem komischen Gefühl im Magen und einem noch komischeren im Kopf wieder auf. Mir ist, als sei ich wach, träumte aber immer noch. Minutenlang weiß ich nicht, wo ich bin, was für sich genommen noch nicht beängstigend ist, das passiert mir ständig, wenn ich unterwegs bin und nicht zu Hause schlafe. Aber diesmal ist es anders: Die Zelthaut erscheint mir wie eine lebendige Membran, die vor Geifer tropft und mich verschlingen will. Ich stupse Martins Schlafsack an, er bewegt sich nicht – Martin ist gar nicht drin! Und doch kommt es mir vor, als steckte etwas in dem Schlafsack, nur etwas viel Kleineres als Martin, denn dort, wo normalerweise seine Schulter hätte sein müssen, zerstäubt der Schlafsack in kleine Lichtteilchen.

Ich will nur noch raus. Das dauert ewig, ich bin benommen und verheddere mich dauernd in meinem Schlafsack, auch habe ich Schwierigkeiten zu entscheiden, wo oben und unten ist. »In einer neuen Umgebung ist es erst mal ratsam, die Sache langsam angehen zu lassen«, raunt mir mein persönlicher Survival-Experte Bear Grylls ins Ohr, und ich bewege mich schließlich in unbekanntem Gelände. Endlich schaffe ich es aus dem Zelt und finde Martin, der auf seinem Hosenboden sitzt und zwar im Scheinwerferkegel der Sanitäranlage. Ich habe Fragen an ihn, aber sie kommen mir nicht über die Lippen. Stattdessen höre ich Laute und Stimmen, die von winzigen Menschen an mein Ohr zu dringen scheinen. Martin sieht auch so aus, als sähe und höre er allerhand. Wäre schön, wenn zur Abwechslung mal *ich* mit ihm reden und er *mir* zuhören könnte. Ich bekomme so etwas in der Art wie »überall Licht!« aus ihm heraus, Martin scheint also genau zu wissen, wie es mir geht, außerdem wiederholt er immer wieder »magic washrooms, magic mushrooms, magic washrooms, magic mushrooms«. Nun starre ich auch auf das Sanitärhäuschen, wir starren gemeinsam darauf. »Kalt«, stoße ich irgendwann hervor, ein Rest in mir will, dass wir zurück ins Zelt gehen, in die warmen Schlafsäcke kriechen, aber ich kann nur einzelne Wörter stammeln. Mein Körper wird immer kälter, dafür glüht mein Kopf. Irgendetwas hält uns aber in diesem Lichtkegel fest, Martin ist gänzlich unbeweglich. Ich schaffe es aufzustehen, verschwinde in dem Häuschen und halte meinen heißen

Kopf unter den Wasserhahn, ich tauche meine Hände und die Arme bis zu den Ellenbogen ein und finde es herrlich erfrischend. Jemand hat seine blaue Abwaschschüssel stehenlassen und ich fülle sie mit Wasser, hieve sie nach draußen und kippe sie Martin über den Kopf. Ich habe das Gefühl, ein bisschen Dampf steigt von ihm auf und er schaut mich an, als sähe er mich zum ersten Mal. Dann steht er auf und folgt mir, pudelnass, artig ins Zelt.

Ich erwache, weil mir unser zu Kondenswasser gewordener Atem von der Zeltwand ins Gesicht tropft. Die Sonne steht schon hoch am Himmel und hat unser Zelt in ein Gewächshaus verwandelt. Martin sieht mich mit verklebten Augen an, seine Haare kleben wie ein Kranz schweißnass um seinen Kopf, und ich weiß jetzt schon, dass wir geraume Zeit brauchen werden, um den gestrigen Abend zu rekonstruieren. Der Geschmack in meinem Mund ist der von toten Mäusen und ich frage mich gleichermaßen verwirrt und angeekelt, woher ich, um Himmels willen, den Geschmack von toten Mäusen kenne? Ich lange nach der Wasserflasche, die ich immer am Kopfende deponiere, das Wasser ist pisswarm und trotzdem jiepere ich danach. Anschließend krieche ich, noch in den Schlafsack gehüllt, wie eine Raupe aus dem Zelt. Ich habe das starke Bedürfnis nach ebenso starkem Kaffee, suche also unsere Kocherutensilien zusammen und setze einen Topf mit Wasser auf. Das alles ist unglaublich mühsam, ich habe das Gefühl, als hätte ich einen schweren Kater und gleichzeitig steckte mir eine Grippe in den Gliedern. Aus dieser Raupe wird heute kein schöner Schmetterling mehr, so viel ist sicher. Martin ist es derweil gelungen, sich im Zelt umzudrehen. Er steckt seinen verschwitzten Kopf zwischen den Reißverschlüssen hervor und ich sehe seine weißverkrusteten Lippen das Wort »Kaffee« formen. Ich befreie mich endlich aus meiner Schlafsackpelle: Feuer und brennbares Material, vor dieser Kombination habe ich einen Heidenrespekt, seitdem ich einmal bei einem Lagerfeuerabend einen Kurzauftritt als lebende Fackel hatte.

Martin ist sehr blass um die Nase, er hält seine Blechtasse schwach und zittrig am Henkel und trinkt seinen Kaffee in winzigen Schlucken. Sein Blick ist immer noch ziemlich starr.

Ich fange also vorsichtig ganz von vorn an und frage ihn »Wie heiße ich?«. Als Antwort bekomme ich nur: »Wie heiße ich?«, und ich begreife, dass wir den frühen Zug zurück nach Hause heute nicht werden nehmen können. Martin hatte gestern auch ziemlichen Hunger und darum viel mehr von der Pilzpfanne verspeist als ich.

Während wir also beide konzentriert damit beschäftigt sind, langsam unseren ursprünglichen Daseinszustand wiederzuerlangen, ist an Wandern natürlich nicht zu denken. Zu Martins Verwirrtheit befällt mich nun in schöner symbiotischer Ergänzung Übelkeit. Ich glaube fast, meinen nächsten Ausflug mache ich besser wieder allein.

Allein in Krippen

Und so mache ich mich auch allein nach Krippen auf. Ganz Deutschland liegt unter einer grauen Nebelregenschicht. Die Bäume sind grün, immerhin, das ist der einzige Unterschied zum November. Trotzdem bin ich froh, unterwegs zu sein, wenn auch in Regenhose und -jacke. Sonst hätte ich das Wochenende nur wieder im Bett verbracht. Mal sehen, vielleicht kann man doch auch ein bisschen wandern ... Diesmal nehme ich den Zug erst um 10:48 Uhr, nicht den zwei Stunden früher nach Villach. Dieser hier fährt nach Budapest, Keleti pu., und ich habe vor, in Bad Schandau auszusteigen. Online habe ich mir ein Zimmer im Hotel Grundmühle in Krippen gebucht, das liegt auf der Eisenbahnseite der Elbe und ist ein Ortsteil von Bad Schandau. Der EC ist proppenvoll, ich schließe mich gar nicht erst den naiv-hoffnungsvollen Leuten auf der Suche nach einem Sitzplatz an, die von den triumphierend ihre Fahrkarten vor deiner Nase schwenkenden »Wir-haben-reserviert«-Leuten vertrieben werden – ich gehe direkt durch ins Schwerbehindertenabteil.

Die erste Maßnahme ist Verdunkelung, so wie unsere Großeltern es im Falle eines Luftangriffs gelernt haben: Abschirmung künstlicher Lichtquellen. Also: Abteillicht ausgeschaltet, Vorhänge dicht zugezogen und obendrauf noch die aus der Tierwelt übernommene Taktik der Thanatose – ich stelle mich tot, also schlafend, und breite mich über die ganze linke Sitzreihe aus, nachdem ich die Armlehnen hochgeklappt habe. Falls trotzdem jemand auf die Idee kommen sollte, die Abteiltür aufzuziehen, verkeile ich sie vorsichtshalber so mit meinem Rucksack von innen, dass der Eindringling spürbar gehemmt wird. Dieses ausgeklügelte Manöver funktioniert drei Minuten. Ein riesengroßer Mann, der Teil eines riesengroßen Paares ist, zieht die Abteiltür ohne Probleme mit einem Ruck auf. Sie ist in den Dreißigern, er sicher in den Vierzigern, und ihr Bauch wölbt sich schwanger. Juhu, ein neuer Riese für die Welt! Ich verkneife mir die Frage, ob sie ins Riesengebirge unterwegs seien, das liegt auch gar nicht auf unserer Strecke, und nehme mir vielmehr ein Beispiel an ihr: strecke meinen Bauch heraus, so dass ich problemlos mit ihr mithalten kann. Falls jemand kommt und nach dem Schwerbehindertenausweis fragt. Aber das ist heute nicht der Fall, stattdessen reißt als Nächstes die Schaffnerin höchstselbst die Tür auf und stopft drei schüchterne Tschechen auf die restlichen Schwerbehindertensitze zu uns ins Abteil. Das Pärchen ist schon so groß, dass es eigentlich einen extra Sitz bräuchte, sie haben ihre Beine diagonal zwischen die Sitze gefaltet und wir haben nur Glück, dass zwei von den schüchternen Tschechen viel kleiner als gewöhnlich sind. Sind wir etwa gerade Zeugen eines außergewöhnlichen Exempels der Ying- und Yang-Prinzipien? Und sitzt hier, in meinem Abteil, tatsächlich der Beweis, dass es funktioniert?

Bevor es richtig gemütlich wird, steige ich über die Riesen- und Tschechenbeine und gehe in den Speisewagen ungarischer Bauart. Ich bestelle einen Pfefferminztee. So habe ich wenigstens einen Tisch zum Lesen und beim Aufschlagen von Thoreaus *Walden* finde ich auf Seite 111 folgenden Satz: »... und doch heißt nur dies im höheren Sinn Lesen, nicht das, was uns einschläfert wie der Luxus und den höheren Fähigkeiten einstweilen zu Schlummern gestattet, sondern das, was wir nur lesen können, wenn wir auf den Zehenspitzen stehen und unsere wachsten, geisteshellsten Stunden daran geben.« Na also, ich fühle mich jedenfalls ausgeschlafen.

Nach der Ankunft laufe ich im strömenden Regen vom Bahnhof Bad Schandau nach Krippen und treffe klatschnass im Hotel Grundmühle ein. Das mir zugewiesene

Zimmer Nummer 118 ist in Ordnung, der Blick geht zwar zu einer verbauten Terrasse hinaus, aber die Sicht ist ja wegen des Regens sowieso beschränkt. Ich hänge meine nasse Jacke auf einen Stuhl und lege mich erst mal auf die eine Hälfte des Doppelbetts, zappe einmal durch die verfügbaren neun TV-Sender und schlafe sofort ein. Nach zwei Stunden wache ich auf, meine Klamotten und mein Rucksack sind immer noch total nass. Ich ziehe meine Jacke wieder an, nehme eine Plastiktüte aus dem Rucksack und stopfe mein Badezeug hinein. 16 Uhr 22 soll eine Fähre nach Bad Schandau gehen. Ich stehe ganz alleine am Anleger, niemand ist sonst draußen unterwegs. Es ist weit und breit kein Mensch zu sehen und ich frage mich, ob ich den Fährfahrplan richtig gelesen habe. Er ist übersät von Fußnoten und kleinen Zeichen, die in winziger Schrift ganz unten und von der Sonne ausgeblichen auf dem Aushang erläutert werden. Nach ein paar bangen Minuten sehe ich aber, wie sich auf der dunstigen Gegenseite ein Schiffchen vom Ufer löst. Die Fähre legt tatsächlich bei mir an und der Fährmann bringt mich hinüber. Ist aber nur die Elbe.

Ich gehe in die Toskana-Therme und bin offenbar nicht die Einzige, die bei dem miesen Wanderwetter diesen Gedanken hatte ... Es ist brechend voll. Ich schwimme im Außenbecken ein paarmal herum, das ist lustig, weil man im Nassen ist und es sich außerdem noch auf den Kopf regnen lässt. Von hier aus hat man einen schönen Blick auf die Elbe, den Wald und auf den Ostrauer Aufzug, ein Personenaufzug, der von Bad Schandau auf die Ostrauer Scheibe führt. Ich schwimme durch komische Gummilappen wieder in die Halle, um mich aufzuwärmen. Das

Becken ist voller Kinder und Erwachsener, mit Mühe kann ich eine halbe Bahn ziehen. Allerdings kann man nicht wirklich von Bahnen sprechen, weil es sich bei der Toskana-Therme um ein Spaßbad handelt, die Beckenform ist einem bedröselten Architektenhirn entsprungen. Natürlich, so ein rechter Winkel ist auch eine echte Spaßbremse, der gehört auf gar keinen Fall in ein Spaßbad. Wie immer halte ich es nicht einmal die zwei Stunden aus, die das am kürzesten mögliche Schwimmvergnügen kostet, und verlasse die Therme vorzeitig in den Regen, fahre mit dem Fährmann genauso allein wieder auf die andere Uferseite. Dort gehe ich ins Restaurant Mühlenstube, das zu meinem Hotel gehört, trinke Sächsischen Winzerschoppen und esse eine Forelle »Müllerin Art«, die die beste ist, die ich je gegessen habe. Nicht ein Hauch von Muffigkeit, außen kross gebraten und innen weiß und saftig. Nach vier Winzerschoppen, Thoreau-Lektüre, lärmumtost von einer Rentnerreisegruppe, die nicht ausgelastet ist und ihren abendlichen Energieüberschwang an die Umgebung abgibt, weil ihre Tageswanderung wegen Regen ausgefallen ist, gehe ich auf mein Zimmer, schalte erneut durch die neun Kanäle und schlafe ziemlich schnell ein.

Am nächsten Morgen frühstücke ich, gehe hinaus, um mir einen Eindruck vom Wetter zu verschaffen, und komme deprimiert wieder herein, weil es noch immer in Strippen regnet. Ich gehe zurück auf mein Zimmer und beschließe, früher heimzufahren, da das Wanderwochenende ja doch versaut ist. Als ich mein Zeug zusammengepackt habe, erlebe ich vor der Tür eine Überraschung: Was eben noch aussah wie wochenlang anhaltender Dauerregen, hat sich urplötzlich in einen ganz leichten Nieselregen verwandelt.

Ich freue mich wie über einen strahlenden Sonnentag und gehe nun, statt links zum Bahnhof, rechts an der Elbe entlang. Hier gibt es einen ausgeschilderten Mittelhangweg, auch Caspar-David-Friedrich-Weg genannt, der aber überraschenderweise nicht zum Malerweg gehört. Unter einer kleinen Brücke hindurch geht es zu Stufen, die in den Sandstein gehauen sind. Bei Regen wird Sandstein wirklich rutschig, aber es gibt glücklicherweise ein Geländer und daran halte ich mich fest. Weiter oben führt der Weg parallel zur Elbe entlang, es ist ein ziemlich schmaler Pfad und er ist nicht ausgetreten, sondern im Gegenteil, richtiggehend zugewuchert von Gräsern und anderen Pflanzen, die mir allesamt bis zur Hüfte wachsen. Meine Hose wird klitschnass, denn auch wenn es zwar nur noch ein wenig regnet, haben die Pflanzen anscheinend alles zuvor gefallene Regenwasser gespeichert und geben es, während ich sie unweigerlich streife, direkt an mich weiter.

Der Weg ist aber trotzdem wunderschön und zu Recht berühmt, befinde ich. Die Felsen auf der anderen Elbseite kann man immerhin erahnen und auch, dass sie so manchem Maler Motiv standen. An verschiedenen Punkten des Weges sind Tafeln aufgestellt, die festhalten und erklären, wo Caspar David Friedrich seinerzeit skizzierte. Zum Beweis sind auf den Tafeln die Skizzen und die nach ihnen entstandenen Bilder im Kleinformat unter Plexiglas verschraubt.

Vor mir läuft eine Gruppe von sechs Männern, sonst ist keiner unterwegs. Die Gruppe redet über irgendeinen Therapiequark. Es geht um Zwangsstörungen und so. Ich würde sie gerne überholen, aber der Pfad ist schmal, rechts geht es bergan und links steil ins Elbtal hinunter, da unten sind die Eisenbahnschienen zu sehen und in die Oberleitung möchte ich nicht krachen. Nachdem der Weg vom Lichten mehr ins Waldige hineinführt, taucht rechter Hand eine große Höhle auf, die so rechteckig in den Stein gehauen zu sein scheint, dass sie eigentlich nur Überbleibsel eines alten Steinbruchs sein kann. Zum Glück macht die Gruppe in der Höhle eine Raucherpause, so dass ich an ihr vorbeikomme.

Den Rückweg kürze ich ab, gehe hinunter zur Bahn, Schmilka Hirschmühle heißt die Station. Auf dem Elberadweg, den man zu überqueren hat, begegnen mir jede Menge zerfahrener Schnecken und auch eine Kröte, die keine äußeren Verletzungen aufweist. Nur ein Auge quillt blutig auf den Asphalt.

Auf der Rückfahrt lese ich das Buch, das mein sächsischer Landsmann Johann Gottfried Seume schrieb, nachdem er sich im Dezember 1801 auf einen ziemlich langen Spaziergang von Grimma nach Syrakus machte. Irgendwie muss er ja auch durch diese Gegend gekommen sein, denke ich, suche nach dem entsprechenden Kapitel und finde es. Er machte sich offenbar schnurstracks nach Süden auf und war auf einer Etappe von Pirna nach Peterswald (heute Petrovice) und Außig (heute Ústí nad Labem), also von der Sächsischen in die Böhmische Schweiz, unterwegs. Allerdings berichtet Seume von der etwa 20 Kilometer langen Strecke nur in acht Zeilen und außer, dass es schneite und der Weg bergan ging und die Gegend rauer sei als das Elbtal, erfährt man über den Abschnitt nicht viel. Wenn er so gegangen ist, wie ich denke, dass er gegangen ist, nämlich über Berggießhübel, kreuzt diese Strecke auch tatsächlich nicht den Malerweg. Ich sehe die geringe Würdigung des

Streckenabschnittes ein, schließlich geht es auch nur um eine kurze Etappe auf dem Weg zum eigentlichen Ziel weit hinter den Alpen. Der Mann ist ja schließlich nach Sizilien unterwegs gewesen und auf dem Rückweg durch die Schweiz überlegte er sich, weil er immer noch nicht genug hatte, einen Schlenker über Paris zu machen. Während Seume seinen Weg noch als »romantisch wild« beschrieb, wird die Landschaft in der Sächsischen Schweiz in Wanderführern heute als »wildromantisch« bezeichnet. Der Unterschied zwischen »romantisch wild« und »wildromantisch« ist gar nicht so groß, möchte man meinen, dennoch ist der gesamte Bedeutungsverlust des Begriffs Romantik in dieser augenscheinlich kleinen Begriffsveränderung enthalten. Während die Maler der Romantik diese Gegend noch sozusagen mit neuen Augen sahen, sind wir zurückgeworfen, die Augen werbeprospektverkleistert und durch die tausendfache Vervielfältigung der zentralen Motive verdorben.

Königstein

Diesmal habe ich mir Königstein in der Sächsischen Schweiz ausgewählt, wieder allein. Ich habe online ein Quartier gebucht und auf dem Weg vom Bahnhof dorthin will ich mich noch mit einer Flasche Weißwein grundversorgen. Wunderbar, in der Auslage eines Geschäfts entdecke ich die begehrten Alkoholika, alle aus dem Anbaugebiet Saale-Unstrut. Man soll ja immer den Wein aus der Gegend trinken, in der man sich aufhält. Auf den Etiketten lese ich Gut Proschwitz, Kloster

Pforta, die kenne ich, die sind nicht billig, aber gut. Ich steige die paar Stufen ins Ladengewölbe hinab, mitten in eine enorme alkoholische Dunstwolke. Die Ladenbesitzerin unterhält sich mit einem Mann, der auf einer umgedrehten Bierkiste sitzt. »Guten Tag«, grüße ich freudig, in Erwartung eines anreiseerleichternden Tropfens. Die Ladenbesitzerin richtet sich schwankend auf, »Gudntach«, lallt sie mir entgegen. Ich frage nach einer Flasche Wein. Sie antwortet: »Nixmehrda.« Ich merke an, dass sie mir vielleicht freundlicherweise eine Flasche aus der Auslage geben könnte. Schweigen. Ich blicke auf die leeren Regale an der Wand und sehe mir die Flaschen im Schaufenster genauer an. Jetzt begreife ich: Alle Flaschen sind leer! Jetzt kann ich mir auch die Alkoholdunstwolke im Laden erklären. Es gibt hier nicht eine volle Flasche mehr. Ich murmele eine Verabschiedung und ziehe ohne ein Tröpfchen enttäuscht von dannen, weiter zu meinem Quartier. Später treibe ich immerhin noch eine Flasche »Mosel Saar Ruwer« auf, billig und nicht gut, im Gemüsegeschäft der ortsansässigen Vietnamesin.

Meine Ferienwohnung lässt sich in dem kleinen Ort schnell finden. Sie liegt im Erdgeschoss, offensichtlich hatte sie hier auch das letzte Elbehochwasser ereilt, den Muff kriegt man wohl nie mehr raus. Schlimmer aber ist die Dekoration. Um nicht in einem geschmacklichen Overkill-Szenario zu erwachen, entferne ich die weinenden Clowns von den Wänden, die Häkeldeckchen, auf denen Vasen mit Plastikblumen stehen, und allerlei Nippes, der sich auf den Fensterbrettern breitmacht. Zum Glück gibt es einen Schrank, der ist jetzt voll. Die Gardinen plus Übergardinen versperren mir die Sicht, sie kommen auch ab.

Am nächsten Morgen wache ich auf, schaue aus den Fenstern und bemerke drei Leute, die vor den Fenstern stehen und wiederum mich anschauen. Darunter ist auch die Hausfrau, die ziemlich aufgebracht ist und fragt, wo bitte schön ihre Gardinen und ihre Dekoration geblieben seien. Am Ende unserer Unterhaltung einigen wir uns darauf, dass wenigstens die Übergardinen wieder angebracht werden. Nun gut. Gestern bei der Ankunft im Dunkeln hatte ich auch übersehen, dass mein Zimmer direkt an einer Hauptdurchgangsstraße liegt. Der Fußgängerweg ist so schmal, dass alle Passanten unweigerlich zu mir hineinschauen müssen.

Nachdem das geklärt ist, mache ich mich auf zur Festung Königstein, die über dem Ort thront. Es geht stetig bergauf durch schönen Laubwald, ich habe den der Elbe zugewandten Rotpunktweg gewählt. Im oberen Abschnitt der Strecke sind Holzbohlen als flache Treppenstufen in den Boden gebaut. Nachdem man sie erklommen hat, steht man am Anfang des Patrouillenwegs, der unterhalb des Tafelbergs um diesen herumführt. Die Festung scheint regelrecht aus den Sandsteinfelsen emporzuwachsen. Auf dem Gestein als Basis hat man dicke Mauern hochgezogen, die die Festung Königstein samt Tafelberg zu einem unüberwindlichen Massiv machen. Außer für den gemeinen Touristen, natürlich. Für den hat man einen großen Fahrstuhl für eine der Außenmauern konstruiert, so dass er sich einfach nach oben ziehen lassen kann.

Das Areal des Plateaus ist riesig. Rundherum ist es von den Festungsmauern mit Ausgucken und Zinnen eingefasst. Bauwerke vieler verschiedener Epochen stehen hier. Um sich alles genau anzusehen und zu entdecken, bräuchte man mindestens einen ganzen Tag. Es gibt hier oben einen sehr tiefen Brunnen, eine Garnisonkirche, ein Zeughaus, eine Burg, Gefängniszellen, einen Hungerturm, riesige Weinkeller und und und. Die Festung konnte in der gesamten Geschichte nie eingenommen werden und diente vor allem in Kriegszeiten als Rückzugsort und als Versteck für die großen sächsischen Kunstschätze, und dann auch mal als Lazarett, Gefängnis, Jugendwerkhof.

Man kann übrigens auch senkrecht an der Sandsteinwand zur Festung hinaufklettern, was einem Schornsteinfeger namens Sebastian Abratzky zu verdanken ist, der das nämlich 1848 zum ersten Mal tat und so einen Weg etablierte, den Kletterer heute den Abratzky-Kamin nennen. Das Plateau befindet sich auf einer Höhe von 360 Metern und wenn man sich ganz dicht an die dicken Festungsmauern heranwagt, hat man rundherum einen weiten Ausblick auf die Sächsische Schweiz. Die Elbe schlängelt sich etwa 230 Meter unter einem dahin. Von der Elbseite der Festung aus sieht man bis zum nächsten Tafelberg hinüber, gegenüber in einer Elbschleife, dem Lilienstein, der keine Festung trägt. Dieser Ausblick erinnert mich daran, dass ich hier oben nicht meinen ganzen Tag verbringen kann, schließlich will ich noch zum Quirl, einem benachbarten Tafelberg, und wenn ich dann noch Kondition habe, nehme ich auch den Pfaffenstein mit. Beim Aufstieg auf den Quirl kommt man am sogenannten Diebskeller vorüber, einer Höhle, in der sich einst eine Diebesbande versteckt hielt. Die Höhlendecke ist tiefschwarz gerußt von unzähligen Feuern. Sehenswert.

Das Plateau des Quirls ist das größte unter den hiesigen Tafelbergen, so groß, dass man früher ein Feld drauf bestellte. Den Aufstieg allerdings spare ich mir und gehe stattdessen weiter in Richtung Pfaffenstein. Zu meiner Linken liegen Wiesen und sobald ich wieder in den Wald hineinkomme, geht es weiter bergauf. Auf dem Pfaffenstein angelangt, erspähe ich ein Gasthaus mit Aussichtsturm, aber entgegen meiner Regel, immer einzukehren, gehe ich lieber noch ein kleines Stück weiter bis zur Barbarine, einer schmalen Felsnadel, die an der südlichen Spitze des Tafelberges frei steht und die mit ihrer markanten Form eines der Wahrzeichen der Sächsischen Schweiz ist. Seit 1975 dürfen dort aus Sicherheitsgründen keine Bergsteiger mehr hinaufkraxeln, dafür sehe ich nebenan, auf dem Felsen Förster, zwei Kletterer auf dem Weg zum Gipfel. Ich bewundere ihren Mut zutiefst und zugleich läuft mir ein Schauer über den Rücken, denn das ist eine Art von Freizeitbeschäftigung, die keine Fehler erlaubt. Ich riskiere noch einen Blick auf die nun rund 150 Meter unter mir liegenden Wiesen. Über Treppen, die mit Stahlträgern im Felsen verankert sind, will ich wieder hinabsteigen. Doch gerade als ich mich aufmache, braut sich ein Gewitter zusammen. Ich flüchte in das Gasthaus, in der Hoffnung, dass es einen Blitzableiter hat. Die Luft hier drin besitzt den Feuchtigkeitsgrad der Elbe, vermute ich, und denke, »gutes Klima für die Orchideenzucht, aber nicht für mich«. Ich habe ganz normales braunes Haar, eine Minimalwelle ist drin, die Haare sind eigentlich glatt. Als ich aber auf der Toilette in den Spiegel schaue, blicke ich einer Frau mit Afrokrause in die Augen. Gotterbärmliche Luftfeuchte!

Die Stahltreppen und Laufrohre, die man benutzen muss, um wieder nach unten zu gelangen, sind bei dem

Wetter die reinsten Mordinstrumente: Wenn da der Blitz reinfährt, ist es bestimmt gleich aus. Ich frage mich, was die beiden Kletterer auf dem Förster jetzt wohl machen, auf dem Felsen gibt es ja kein Gasthaus. »Es sollte wie ein Unfall aussehen«, diese Zeile rumort in meinem Kopf herum, und dass es ein Leichtes wäre, einen ungeliebten Menschen loszuwerden, wenn man sich bei diesem Wetter mit ihm auf Kletter- oder Wandertour begeben würde, nur dass man ja auch selbst nicht weiß, wo letztlich der Blitz einschlägt, und außerdem müsste man zu diesem Zeitpunkt auch genügend Abstand zum aufgeladenen Partner haben und auch weit genug von den Stahltreppen und -geländern entfernt sein. Zu kompliziert, ich verwerfe alles wieder, obwohl ich im Grunde eigentlich sowieso gar keinen umbringen wollte. Dann ist das Gewitter vorübergezogen mitsamt den dunkelvioletten Regenwolken. Bei diesem Abstieg muss ich nun nicht nur aufpassen, dass ich meine Knie nicht überfordere, sondern zusätzlich noch, dass ich auf den glitschigen Baumwurzeln und dem schmierig gewordenen Sandstein nicht abrutsche.

Für meine Touren in der Sächsischen Schweiz benutze ich am liebsten die Rolf-Böhm-Wanderkarten, das sind spezielle Karten, die mich sofort für sich einnehmen, da ihre Vorlagen handgezeichnet sind. Sämtliche Details kann man erkennen, sie zeigen jeden Berg präzise und haben eben nicht dieses technokratische Erscheinungsbild der computergenerierten Karten, sondern dieses nette handgemachte, weil man wirklich jeden Tuschestrich sehen kann. Alle Berggipfel sind mit ihren Namen versehen und wenn man lange und nah genug auf einen bestimmten Ausschnitt starrt, findet man sogar, in winziger Schrift,

dem Wanderer wertvolle und vom Verfasser liebevoll ge-
meinte Hinweise wie »Wer hier weitergeht, macht die
Natur kaputt« oder »An schönen Tagen hier möglicher-
weise Wanderer brutal beiseiteklingelnde, aggressive Radfahrer«. Zugegeben, in Berlin bin ich manchmal selbst ein
brutal beiseiteklingelnder Radfahrer. Aber da muss man
sein Adrenalin ja auch brutal oben halten, damit die Aufmerksamkeit nicht nachlässt, wenn man zwischen wagen-
türaufreißenden Beifahrern und kürzlich Zugezogenen,
die die Technik ihres bremsenlosen Fixies noch nicht richtig beherrschen, nicht untergehen will.

Was die Leute aber auf den sächsischen Radwegen
aufregt, kann ich nur schwer nachvollziehen. Der Elberadweg führt größtenteils an der gemächlich und breit
dahinfließenden Elbe entlang und manchmal verläuft
eben auch ein Stück des Wanderwegs parallel dazu. Ab
und zu müssen sich Radfahrer und Wanderer den Weg
aber teilen. Mountainbiker sind hier gar nicht unterwegs,
der sächsische Sandstein sperrt sich in seiner Morpholo-
gie dagegen, die Schluchten sind zu eng, die Felsnadeln
zu steil. Wen man antrifft, sind Tourenradler, die die
Ebenheit des Flusstals nutzen und entweder elbauf- oder
elbabwärts fahren. Da kann es einem eigentlich nicht
passieren, dass man sich, wie zum Beispiel im Harz,
vor den mit 70 km/h den Berg runter rasenden Bikern
in Sicherheit bringen muss. Aber Herr Böhm wird seine Erfahrungen gemacht haben ... Das geht mir durch
den Kopf, als ich am Bahnhof auf den Zubringer nach
Dresden warte und eine vierköpfige Familie beobachte,
die ihre Räder und ihr Gepäck von einem Bahnsteig auf
den nächsten wuchten muss, weil auch sie, wie ich an-

fangs, verwirrt ist, wo der Zug nun ankommen wird. Es gibt da widersprüchliche Hinweise auf der Aushängetafel und der Bahnsteiganzeige, auf der Strecke wird dieser Tage gebaut. Und ich bin gerade ziemlich froh, dass ich weder Fahrräder noch Gepäcktaschen noch Kinder durch sächsische Gleisunterführungen wuchten muss.

Boofen und die Sächsische Hohlraumverordnung

Es soll ein schönes Wochenende werden, vielleicht das letzte in diesem Herbst. Ich habe mich breit-schlagen lassen und Martin im Schlepptau, nicht ohne ihm das Versprechen abzunehmen, dass es diesmal garantiert keine Pilzpfanne geben wird. Sicherheitshalber lasse ich den Kocher gleich zu Hause. Ich möchte meinen Schlafsack auch mal bei knackiger Temperatur testen, denn obwohl tagsüber fast 20 Grad angesagt sind, fallen die Temperaturen nachts schon auf nur etwa fünf Grad. Wir nehmen uns vor, das Boofen auszuprobieren, so nennt man das Übernachten im Freien in der Sächsischen Schweiz. Bei Einbruch der Dämmerung leeren sich lang-sam die Gipfel, Treppen und Ausflugsrestaurants. Dafür halten kleine Grüppchen Einzug in den Wald. Im Gegen-satz zu den Tagesausflüglern wirken sie schwer bepackt, sie haben meist mächtige Rucksäcke dabei, Flaschen ra-gen aus den Seitentaschen. Diese Leute sind wie wir auf der Suche nach sogenannten Boofen – Felsunterstände oder Höhlen, die zum Übernachten im Freien geeignet sind. Das ist teils legal, teils illegal, nämlich dann, wenn man sich seine eigene Boofe sucht, die nicht offiziell verzeichnet ist. Das Wort »Boofen« kommt übrigens vom Sächsischen »Pofen«, dem umgangssprachlichen Ausdruck für tief und fest schlafen.

Wir haben uns vorher ein bisschen kundig gemacht, wir wandern schließlich teilweise in einem Naturschutzgebiet und es gibt nur ein paar offizielle Stellen, an denen das Boofen erlaubt ist. Die Liste mit diesen Orten packen wir sorgsam ein. Aber irgendwie sind wir dann doch auf Abenteuer aus und wollen selbst Ausschau halten nach einer geeigneten Schlafstätte. Man sieht die Felsen mit völlig anderen Augen, wenn man einen Unterschlupf für die Nacht sucht. Aus den pittoresken Steingebilden, die die wildromantische Landschaft bilden, werden plötzlich Wände und Dächer und jeder Felsvorsprung und -überhang wird auf seine Tauglichkeit als Schutz vor Regen und Wind gescannt. Auch der Untergrund ist wichtig: Man will ja nicht gerade in einer Matschkuhle liegen, aber hier ist das Elbsandsteingebirge dem Wanderer Gott sei Dank gnädig: Was früher felsiger Untergrund war, ist jetzt nur noch feiner Sand, der sich oft am Fuße der Felsen ausbreitet.

Es gibt wohl auch einige legendäre Boofen in der Gegend, richtig ausgebaute, die schon fast improvisierten Blockhütten ähneln, doch diese werden immer wieder eingerissen, es wird von tschechischen Banden gemunkelt und von Nationalparkwächtern, die das Boofen nicht dulden. Strenggenommen darf man nur boofen, wenn man ein Kletterer ist. Und die sächsischen Kletterer sind streng. Sie haben einen eigenen Kodex, auf den sie sehr stolz sind.

Martin und ich wandern über den Falkenstein in Richtung der Schrammsteine und Affensteine, wir passieren den Hohen Torstein, wo sich vier offizielle Boofen befinden. Da wir aber erst so kurze Zeit unterwegs sind, beschließen wir, noch weiterzugehen, auch wenn die meisten Leute, denen wir jetzt begegnen, uns schon entgegenkommen. Nach einer Stunde stoßen wir auf eine Gruppe, die in der gleichen Richtung wie wir unterwegs ist. Wie wir haben auch sie ziemlich große Rucksäcke dabei. Bei einer Rast kommen wir ins Gespräch. Die Gruppe stellt sich als Matthias, Robert und Gabi vor, Studenten aus Dresden. Gabi trägt ein Batiktuch um den Hals, und ich denke, diese treffliche Mode war doch nur damals, als ich jung war, vor 20 Jahren, aktuell. Aber schließlich trägt Martin sein Palituch auch seit 1988. Martin und Gabi verstehen sich dann auch auf Anhieb, der Rest fremdelt ein bisschen. Sie wollen auch boofen, ist ja klar, jetzt geht es nur darum, ob wir das zusammen oder in gebührendem Abstand tun. Wir sind Fremde, Eindringlinge in ihr ureigenstes Gebiet. Nach ein bisschen Palaver fragt Gabi uns dann aber doch tatsächlich, ob wir mit in »ihre« Boofe kommen wollen. Die beiden Jungs verdrehen die Augen, das sehe ich genau. Da Martin und ich auf gut Glück immer weitergelaufen sind, nehmen wir das Angebot dankbar an und trotten nun hinter den dreien her.

Wir gehen vom Weg ab und steigen durch das Unterholz steil nach oben, bis wir an einen Felsüberhang kommen, unter dem jemand schon zwei Bänke aus Holz gezimmert hat. Wir legen unser Gepäck ab und versuchen uns einzurichten. Die Felsdecke ist niedrig, und Matthias zeigt auf seinen großen Freund Robert, um uns zu warnen, sagt er: »Der hat sich da schon etliche Male seinen Nischel angehauen. Hat aber kaum Schäden hinterlassen. Stimmt's, Robert?« Robert nickt und guckt dabei etwas debil.

Wir haben die Dämmerung verpasst, jetzt suchen wir im Halbdunkel trockene Äste zusammen und schichten das Brennholz zu einem Kegel auf, in die Mitte knüllen wir Zeitungspapier und Robert tränkt es mit ein wenig Feuerzeugbenzin. Ich fand Leute mit Stirnlampe immer albern, aber jetzt bin ich doch froh, auch so ein Ding zu besitzen und es vorher sogar mit einer frischen Batterie bestückt zu haben.

Ich weiß nicht, ob es unter Boofern Sitte ist, dass das Essen geteilt wird – diese hier jedenfalls wollen teilen. Sie packen ein fettiges Papierpaket aus und bieten uns von ihrem Räucheraal an. Und mein lieber Freund Martin macht sich noch nicht einmal die Mühe, die schwarze, pneuartige Haut von dem Fisch abzuziehen und gräbt gierig seine Zähne in das Fleisch, bis man die Mittelgräte knirschen hört. Es schmeckt, das sieht man, und das Fett tropft von seinen Wangen. So gierig habe ich Martin noch nie gesehen, aber wie heißt es so schön? Wandern macht hungrig. Matthias, Robert und Gabi, die mit uns im Kreis um das kleine Feuer sitzen, schauen zunächst betreten, dann fasziniert auf Martin, der fragt, ob er noch »so 'n Stückchen Aal« kriegen kann. Und während die anderen einen Teil ihres Abendbrotes opfern, um das Schauspiel noch ein wenig länger verfolgen zu können, kriege ich den fettigen Aal nur mit sehr viel Wasser hinuntergespült, ich ziehe außerdem die Haut ab und esse die Mittelgräte nicht mit, während Martin neben mir schnurpselnd und knurpselnd seinen Extraanteil verschlingt. Unsere neuen Freunde haben Rotwein in zwei große Wasserflaschen abgefüllt und lassen diese jetzt kreisen. Ich will mal nicht so sein und teile auch meinen überschaubaren Whiskeyvorrat.

Plötzlich erspähen wir unten auf dem Weg einen Licht-kegel, der deutlich größer ist als der von einer Stirnlampe. Wir hören es trapsen und schnaufen und kurz darauf blen-det uns jemand mit einem Scheinwerfer. »Gudn Ahmd, mein Name ist Naturschutzwart Graichen und ich möchte Sie darauf aufmerksam machen, dass sie sich außerhalb der 57 offiziellen Boof-Stellen aufhalten. Diese sind einer Bekanntmachung des Sächsischen Staatsministeriums für Umwelt und Landwirtschaft über den Pflege- und Ent-wicklungsplan für den Nationalpark Sächsische Schweiz, Teil Bergsportkonzeption, Abschnitt Freiübernachtung, zu entnehmen. Durch das falsche Benehmen einzelner Wanderindividuen wird unser schöner Nationalpark nach-haltig geschädigt. Immer mehr wilde Boofer machen sich breit und halten sich nicht an die amtlich vorgeschriebe-nen Boofen. Es kommt vielmehr zum Boofen in selbst-gesuchten Boofen. Dadurch werden Flora und Fauna an empfindlichen Stellen in ihrer naturbelassenen Entwick-lung gestört. Nicht nur, dass Sie sich der Natur gegenüber unverantwortlich zeigen, Sie verstoßen auch gegen die Polizeiverordnung des Sächsischen Staatsministeriums für Wirtschaft, Arbeit und Verkehr über die Abwehr von Gefahren aus unterirdischen Hohlräumen sowie Halden und Restlöchern, kurz gegen die Sächsische Hohlraum-verordnung.«

Bei dem Wort »Hohlraumverordnung« können wir uns nicht mehr halten und prusten los, was den Natur-schutzwart Graichen nicht gerade besänftigt. Er ist jetzt richtig gut in Fahrt: »Bestätigen Sie mir hier per Unter-schrift, dass ich Ihnen diese Belehrung zugutekommen ließ und jetzt muss ich noch Ihre Personalien festhalten, um Ihnen den Bußgeldbescheid zustellen zu lassen. Oder führen Sie eine entsprechende Menge Bargeld mit sich?« Der Mann kann früher nur an einer Grenzkontrollstelle gearbeitet haben. Im Schein unserer Stirnlampen lesen wir unsere Bußgeldbescheide. Unterzeichnet sind sie von einem Staatsminister Morlok. »Morlok, Morlok … Irgendwoher kenne ich den Namen doch«, murmelt Robert und nimmt nachdenklich einen Schluck aus der Weinflasche. Die Erkenntnis kommt plötzlich und Robert muss den Schluck Rotwein vor Lachen wieder ausspucken. Als er sich beruhigt hat, klärt er uns auf: »Morlocks – so heißen in H. G. Wells' Science-Fiction-Klassiker *Die Zeitmaschine* Wesen, die in unterirdischen Höhlen hausen und sich nur nachts herauswagen, um sich ihre Nahrung zu beschaffen. Und ausgerechnet ein Herr Morlok hat die Hohlraumverordnung für die Höhlen erlassen!« Robert muss wieder lachen und jetzt fällt auch Gabi ein. Herr Naturschutzwart Graichen verlässt uns beleidigt und unter strengsten Ermahnungen, sieht aber gütigerweise ein, dass es für heute zu spät ist, unser Lager wieder abzubauen, und trollt sich. Ich finde, die Bundesregierung hat der Sächsischen Schweiz 2008 den Titel »Ort der Vielfalt« nicht umsonst verliehen.

Nach einer angenehmen Nacht ohne Regen und weitere behördliche Zwischenfälle stehen Martin und ich am nächsten Morgen gut gelaunt und ein bisschen kreuzlahm auf und beginnen nach einer Tasse Kaffee, unsere Sachen zusammenzupacken. Wir verabschieden uns herzlich von den drei Studenten und folgen dem Weg südlich der Schrammsteine. In einer Schmilkaer Kneipe gönnen wir uns schließlich ein ausgedehntes Mahl, draußen schlafen macht wohl vor allem hungrig – sowohl vor als auch nach dem Schlaf.

Am Abend, auf dem Rückweg nach Hause, sitzen wir in der S-Bahn, die Dresden mit Schöna verbindet – eine der schönsten Strecken, die ich kenne, immer an den Windungen der Elbe entlang, in fast jedem Ort könnte man aussteigen und fände Hotels, Wanderwege und wildromantische Felsen vor, die Sächsische Schweiz im Panoramablick, sozusagen. Mit uns im Waggon sitzt ein älteres Paar, es hat seine Räder dabei mit Gepäcktaschen und allem Drum und Dran. Die beiden sind sehr sportlich gekleidet. Sie unterhalten sich, sind offenbar beeindruckt vom Anzeigendisplay, das auf die Minute genau angibt, wann wir am nächsten Bahnhof eintreffen: »Mei, wie modern hier alles ausschaut und so sauber, do ist bei uns in München ja alles verranzt dagegen.« In ihren Augen sehe ich einen verständnisvollen Glimmer für den Solidaritätsbeitrag, der ihnen seit 20 Jahren abgeknöpft wird.

Wir fahren an eindrucksvollen Felsen vorüber und der Mann erklärt der Frau »Schau, da ist die berühmte Fischerbastei!« Und weil ich eingetragene Germanistin bin und damit amtlich bestellter Besserwisser und auch außerdem nicht will, dass sie ihren Enkeln dahoam a Schmarrn verzählen, unterbreche ich: »Nein, liebe Leute, hier sehen Sie nicht die Fischerbastei. Die Fischerbastei – Halászbástya – ist ein um 1900 errichtetes neoromanisches Monument in Budapest, genauer gesagt, auf dem Burgberg im Stadtteil Buda. Das, was Sie hier gegenüber sehen, nennt sich einfach Bastei, die berühmteste Felsenformation der Sächsischen Schweiz übrigens, nicht mit dem Budaer Burgberg zu verwechseln.«

Und schon wieder habe ich eine neue Freundschaft geschlossen, vom Freistaat Sachsen zum Freistaat Bayern. In
früheren Zeiten wäre ich sicher direkt zum Anwärter auf
den Orden der Völkerfreundschaft avanciert, aber heute
hat wieder keiner der Verantwortlichen mitgehört, was
sich in diesem Abteil der sächsischen Verkehrsbetriebe
Bahnbrechendes ereignet. Die beiden erzählen dann noch
ein bisschen von ihrer Heimat, und ich muss gestehen,
dass ich noch nie in Bayern gewesen bin. Je länger ich
ihnen aber zuhöre, desto frevelhafter empfinde ich diesen
Umstand, zumal es dort nicht nur die höchsten Berge
Deutschlands gibt, sondern allem Anschein nach auch
wunderschöne Wanderregionen. Die nächste Gelegenheit
werde ich nutzen, um mich ein wenig mit dieser Region
unseres Landes vertraut zu machen.

Ich wandere in Bayern

Im Karwendelgebirge

Die Fahrt ist lang nach Bayern, ein langes Wochenende reicht nicht, ich nehme zehn Tage Urlaub.
Wie immer reise ich mit dem Zug. Mein ICE besteht
aus zwei Teilen, und weil der Mensch seinen Augen mehr
traut als seinen Ohren, ist meine Mitropa, pardon, mein
Bordrestaurant, leer. In Berlin fuhr nämlich zunächst
nur der erste Zugteil ein, und alle Reisenden stürzten in
diesen ersten Zug, obwohl ein zweiter wie angekündigt
angekoppelt wurde.

Hinter Leipzig wird man durch eine liebliche Landschaft gezogen, wahrscheinlich Thüringen. Die zwei Mitropa-Kellner, ein Mann und eine Frau, langweilen sich so ganz ohne Gäste und haben Gesellschaft vom Schaffner, pardon, Zugbegleiter. Ich sitze als einziger Gast am anderen Ende des Bordrestaurants. Die DB-Leute erörtern lautstark die Weltlage und werten die aktuelle Boulevardpresse aus. Die beiden ICEs werden in Nürnberg auseinandergekoppelt und ich muss umsteigen, da ich natürlich im falschen Zugteil sitze. Ich gehe wieder in den Speisewagen, jetzt im richtigen ICE-Teil, der mich nach München bringt, und setze mich ans Ende, neben mir am Zweiertisch eine Russin. Ihr gegenüber ein Mann, ganz schmal, ein deformierter Kopf, den er mit der Hand zu verdecken sucht. Muss wohl bei der Geburt wirklich was schiefgelaufen sein. Sie unterhalten sich angeregt, er artikuliert nur für Eingeweihte verständlich. Sie fragt den Kellner, der in Rasierwasser gefallen ist, ob ihr Mann mit Kredit- oder EC-Karte zahlen kann. Ein kleiner Junge mit großem hellblondem Schopf, der mich schon auf dem Bahnsteig angelächelt hat, entdeckt im Vorbeigehen den deformierten Mann. Sein Mund klappt auf, seine Augen weiten sich. Zum Glück sitze ich nicht im Kleinkinder-Abteil und muss mir die Erklärungen des Vaters anhören. Endlich kriege ich mein Gulasch und ein Bier.

Natürlich fährt der Zug um einige Minuten verspätet in München-Pasing ein. Zum Trost wird versprochen, dass der Regional-Anschlusszug auf Gleis 4 wartet. Der Bahnhof ist eine einzige Baustelle. Natürlich wartet der Zug nicht auf Gleis 4. Natürlich verpasse ich ihn.

Gut, dass ich zu Hause noch Mütze und zwei Paar Handschuhe eingepackt habe, denn hier ist T-Shirt-Wetter und in der Sonne sind es bestimmt 25 Grad Celsius. Es ist der Tag des Champions-League-Finales, und alle tragen rote T-Shirts und sind ins Stadion unterwegs. Schon im Zug haben sich lauter Briten mit gebügelten blauen Fred-Perry-Hemden im Bordrestaurant langsam auf Betriebstemperatur getrunken. Sind ja auch nur noch 4,5 Stunden bis zum Anpfiff.

Während ich auf die nächste Regionalbahn warte, reklamiere ich meine Verspätung. Die Frau im DB-Stübchen drückt mir ein Fahrgastformular in die Hand und einen Verzehrbon in Höhe von 2 Euro. Ich gehe durch die Bretterbudenbaustelle und in die nächste Eisdiele, in der ich unter Zuzahlung von 90 Cent ein Augustiner Helles eingeschenkt bekomme. Auf dem Weg durch den Tunnel laufen mir Dutzende Bayern-Fans entgegen, die »Mia san mia!« schreien. Diese Artikulation von Selbstbewusstsein habe ich früher immer für preußische Feindpropaganda gehalten. Irgendwie hatte ich das Vorurteil, dass München schick sei, aber seitdem ich den Pasinger Bahnhof und seine Bewohner gesehen habe, weiß ich: stimmt nicht. Hier gibt es noch richtige Punks in der Ecke und Alkoholikerinnen mit tiefblauem Lidschatten, die auf Kundschaft warten. Dazwischen balancieren Mütter Kinderwagen, und Kinder stolpern zwischen den Baubrettern entlang. Schließlich bringt mich die Regionalbahn endlich in die Alpen.

Während man im Harz und in der Sächsischen Schweiz meist auf mühsam renovierte Häuschen stößt, teilweise auch auf mittelalterlich geschlossene Fachwerkensemble mit Weltkulturerbestatus, dazwischen aber immer ein paar arg verrottete Hochwasserruinen oder verkommene

Objekte wie auch Subjekte trifft, fährt man hinter München in eine derart geranienüberbordende Modelleisenbahnhaftigkeit ein, dass man nicht auch noch dem weißblauen Himmel darüber glaubt. Joseph II. hat mal über Mozart gesagt: »gewaltig viel Noten«. Ebenso geplättet bin ich von der Vielzahl der Eindrücke, die ein zuckersüßes Gesamtbild ergeben. So viele Berge! Richtige Berge! Mittenwald ist die Endstation, und ich steige unter der riesigen Karwendelwand aus. Während der Harz vor allem beredte Ortsnamen wie Elend und Sorge zu bieten hat, punktet das Karwendelgebirge mit seinen Bergen. Man kann auf den Hochunnütz oder den Kotzen steigen und es gibt einen Kotwald und die Hinterschleimsalm.

Mittenwald war in den letzten Jahren mit zwei Dingen in den Nachrichten. Einmal machten die dort stationierten Gebirgsjäger von sich reden, weil sie Neulinge zwangen, so viel rohe Leber zu essen, bis sie erbrechen mussten – vielleicht kommt der Bergname ja auch von diesem jahrhundertealten Initiationsritual der jungen Männer in dieser Gegend?

Und zweitens Martina Glagow: Anstatt Marienschreine findet man nun an jeder Weggabelung Martina-Glagow-Schreine. Die Region Wallgau, Krün und Mittenwald ist schwer betroffen von diesen Schreinen. Immerhin geht die oberbayrische Schnitzkunst mit der Zeit. Maria-Martina-Glagow hält kein kleines Jesusbaby auf dem Arm, sondern hat zärtlich ein Gewehr und ein Paar Skier umfasst. Auf einer Informationstafel erfahre ich, dass Frau Martina Glagow die lokale Biathletin ist. Oder eher war: Denn mit Mitte dreißig ist sie natürlich längst im Sportlerruhestand. Außerdem heißt sie nicht einmal mehr

Glagow. Und ich dachte, Straßennamen und öffentliche Plätze dürfen nur nach Toten benannt werden. Ihr zu Ehren hat man nicht nur den schönen, von rotblühenden Kastanien gesäumten Platz umgetauft, sondern ihr auch ein vielfarbiges Stiefmütterchenbeet gewidmet, in dessen Mitte eine stilisierte Biathletin auf Skiern mit angelegtem Gewehr das Stehendschießen demonstriert. Ach, es ist ja nicht nur der Martina-Glagow-Platz, sondern gleich der Martina-Glagow-Park!

Am entkernten und in Sanierung befindlichen Bahnhof steht kein Taxi, also schnaufe ich, ist auch irgendwie Ehrensache, den einen Kilometer bergauf zum Quartier. Diesmal habe ich für einige Tage ein Zimmer in einer Pension gemietet. Die Fassade ist mit der ortstypischen Lüftlmalerei, einer Art bunten Freskomalerei, dekoriert. Diese hier zeigt Goethe, im Hintergrund eine Postkutsche und auf der Bank ein bayrisches Pärchen bei einer Maß Bier. Auf dem Weg zu seiner italienischen Reise ist Goethe hier durchgekommen, um die Alpen zu überqueren. Wo dieser Mann überall war. Ich betrete die Pension durch eine riesige Eingangshalle, in einer Ecke ragt ein Stück Fels hinein. Man hat das Haus einfach drum herum gebaut und nimmt den Stein als Deko. Auf den Fluren stehen alte Bauernschränke, in denen die Wirtin die Bettwäsche für die jeweilige Etage aufbewahrt. Alles ist blitzsauber, so auch mein Zimmer, das einen riesigen Balkon hat. Vor mir, zum Greifen nah, steht die 2300 Meter hohe Bergwand. Ich staune. Die Wirtin meint: »Jo, manche reisen auch nach zwoa Toagen wieder ab, die meinen, der Berg erdrückt sie.«

Meine Schwierigkeiten, den 1 (in Worten einen) Kilometer vom Bahnhof zum Gästehaus mit meinem 13 (in Worten dreizehn) Kilo schweren Rucksack nach insgesamt 9 (in Worten neun) Stunden Bahnreise zu schaffen, führen mich zu der Schlussfolgerung, dass meine Kondition sich gegen 0 (in Worten null) bewegt. Am Abend verliert Bayern München auch noch das historische erste Champions League Finale dahoam mit 3:4 (in Worten drei zu vier).

Ich weiß, dass ich an meinem ersten Tag nur einen besseren Spaziergang schaffen werde. Deshalb gehe ich am nächsten Morgen einfach aus der Haustür und bergauf (aufi, wie man hier sagt). Der Wanderweg beginnt gleich hinter dem Haus. Wieder einmal überholen mich Rentner, diesmal auf Rädern. Das darf doch nicht wahr sein, die fliegen förmlich an mir vorbei. Auf der nächsten Bank sitzen sie, grinsen mir entgegen. »Grüß Gott«, keuche ich, jetzt sehe ich ihre Fahrräder genauer: Sie haben diese verräterischen Kästen am Rahmen, E-Bikes – das kann ja jeder.

Die Wege sind gut und alle paar Meter markiert, ich halte an jeder Weggabelung an und lese mir aufmerksam die Schilder durch. Sie sind mit Zeitangaben versehen, die Wege sind durchnummeriert. Ich gehe den Weg 820 (in Worten achthundertzwanzig) entlang. Es ist Mai und alle Gräser und Bäume duften um die Wette. Die Kiesel knirschen unter meinen Sohlen, die Sonne brennt. Es geht ein bisschen bergauf, aber nur ein bisschen, und gleich kommt auch ein See, und da gehe ich wieder hinunter (oder abi, wie man hier sagt). Ich kehre im Lauterseer Bergstüberl ein, schön auf der Terrasse, vor mir ein tiefblauer See mit türkisen Einsprengseln und dahinter die noch schneegefleckten Berge. Die Wirtin trägt ein dirndlhaft geschnittenes Kleid in Knallgelb, auf ihrem Rücken hat sich ein riesiges Insekt niedergelassen, eine Art Wespen-Bremsen-Mutation. Das allerdings hatte ich schon als Kind in jenem Sommer begriffen, in dem ich mir ein orange-gelbes T-Shirt zum Lieblingskleidungsstück erkor: Diese Farben sind nichts für die Natur, die Insekten halten einen für eine Butterblumen-Sonnenblumen-Mutation und wollen ihrem Kerngeschäft, dem Nektarsaugen und dem artenübergreifenden Bestäubungstransport, nachgehen. Als Nichtbutterblume will ich das natürlich vermeiden, denn weder möchte ich bestäubt noch gestochen werden.

Zum Eingewöhnen gehe ich einfach den gleichen Weg zurück. Im Gasthaus Gries am Obermarkt probiere ich das Helle aus der Brauerei Mittenwald: grandios. Überhaupt schmeckt das erste Bier nach einer Wanderung, und sei sie noch so kurz gewesen, immer grandios. Nur in Bayern schmeckt es noch besser. Das Wappen auf dem Glas zeigt einen Jäger und einen Holzhauer, die sich mit folgenden Dingen beschäftigen: einem Gewehr, einer Axt, einer bayrischen Fahne und jeweils einer Maß. Unter ihnen ist der Spruch der Brauerei aufgeführt »Zum Fest, zur Arbeit. Seit 1808. Qualitätsbiere aus der Brauerei Mittenwald«. Wenn man mehrere der Gläser getrunken hat, prosten einem die beiden Herren vom Wappen artig zu.

Alle sitzen draußen, weil die Sonne richtig schön vom blau-weißen Himmel brettert. Ich aber gehe hinein, mir schwirren die Sinne vom zweistündigen Rückweg durch die Mittagshitze. Zur Grundausstattung eines jeden Wanderers sollte dringend eine Kopfbedeckung gehören. Bear Grylls braucht zwar sicher keine, selbst bei arktischen Temperaturen sind seine Ohren im Freien. Wäre auch schlecht für die Frisur.

Drinnen ist alles dunkel durch die Täfelung und die kleinen Fenster. Über der Tür heißt mich ein Bild mit einem markigen Kameraden willkommen, es weist das Gasthaus als »Stammlokal Gebirgstruppe« aus. Gesichtszüge und Uniform des Kameraden deuten auf eine Entstehungszeit des Bildes in den 1930er Jahren. An den Wänden hängen Jagdtrophäen wie Geweihe, Fasanen, Rehgehörne und noch mehr präpariertes Wildgetier. Auf dem alten Kachelofen ist ein Flachbildschirm montiert. Im Gastraum sitzen nur wenige, alles Einheimische. Zwei Frauen um die siebzig behalten auch in dem dunklen Raum ihre Sonnenbrillen auf. Sie gönnen sich ihren Sonntagsbraten. Danach muss es natürlich noch ein Dessert sein und ich belausche ihre Entscheidungsfindung.

»Geh mer zum Haller?«

»Na, net scho wiader zum Haller.«

»Hast recht, do ziagt's auch imma so. Wenn do wos isst, wird's Essen scho koilt vorm Essen.«

»Geh mer zum Kosta?«

»Zu woim?«

»Na drunten, zum Italiener.«

»Ach, zum Kosta. Wegen mia.«

In Berlin heißen die Italiener ja auch gerne mal Ferüt oder Özgür.

Ich möchte was Leichtes essen, das hatte ich mir zumindest auf dem Weg so vorgestellt, Salat, vielleicht gönne ich mir dazu noch etwas Hühnerbrust. Allerdings bietet die Karte die Kategorie »Bayrische Schmankerl«, die ich nicht ignorieren kann. Aus dem Salat wird ein Hirschgulasch mit Semmelknödeln und Preiselbeeren. Allerdings hat mein Gästehaus auch kein Restaurant; und heute gehe ich bestimmt nicht noch mal abi, nachdem ich vorher gerade aufi gegangen bin. Vom Nachbartisch dröhnen die Worte »Mir zahlen!«. Plötzlich schießt die Bedienung an mir vorbei, und durch das Fenster kann ich beobachten, wie sie hastig alle Sonnenschirme zusammenrafft, was nicht leicht ist, denn Windböen fahren unter den Stoff, bauschen ihn auf und drohen die riesigen Schirme einfach wegzuwehen. »Dois is a Wohnsinn mit derer Wind!«, kommentiert mein Nachbartisch. Jetzt begreife ich: Draußen braut sich einer dieser berüchtigten Föhnstürme zusammen, die ich nur vom Hörensagen kenne. Gut, dass ich meine Tagesetappe schon beendet habe, denn jetzt muss ich meine Beine in die Hand nehmen, um vor dem Gröbsten wieder zu Hause zu sein.

Der Wind braust durch die Gassen des Städtchens, die letzten Fußgänger sehen zu, dass sie irgendwo einen Unterschlupf finden. Ich komme gerade noch rechtzeitig im Gästehaus an, um den einsetzenden Guss nicht mehr abzubekommen. Über Nacht regnet es weiter und ein gewaltiges Gewitter tobt.

Am Morgen strahlt die Sonne wieder, die Vögel zwitschern, als wäre nichts gewesen. Ich fühle mich gut und beschließe, den Wanderbus zu benutzen, um zum zweiten See zu gelangen. Während des schlechten Wetters gestern habe ich mich noch einmal in das regionale Werbematerial vertieft und die hiesigen Routenvorschläge mit meiner Karte und dem Wanderführer abgeglichen. Ich war hocherfreut, als ich den Wanderbus entdeckte, so kann man ohne Probleme zu den weiter entfernten Touren gelangen. Der Bus fährt eine große Schleife und ich warte an der Endhaltestelle auf ihn, also da, wo die meisten mit ihrer

Wanderung beginnen. Schließlich kommt er über den Waldweg angefahren und öffnet mit einem Schnaufen seine Türen: Eine Ladung grauköpfiger Rentner in ocker- und beigefarbenen Wandersachen quillt heraus. Ihrem Gezeter kann ich entnehmen, dass die meisten einmal um den See wollen, vor allem aber im Gasthaus dann Kaffee und Kuchen.

Meine Wirtin hat mir eine Karte gegeben, mit der ich den Wanderbus kostenlos benutzen kann, die zeige ich dem Fahrer und der ranzt mich an: »Des Kartel muosst aber scho ausfülln!« Widerwillig borgt er mir seinen Kuli, damit ich ein Datum und meinen Namen auf der Karte eintragen kann. Und ich dachte schon, nur Berliner Busfahrer seien ruppig.

An meiner Haltestelle angekommen, mache ich mich Richtung Wettersteinalm auf, über breite helle Kieswege. Die schwarze Tiergestalt eines vertrockneten Frosches setzt sich gut vom weißen Kalkboden ab. In einem Info-Flyer für Touristen habe ich gelesen: Die Kröte ist von ihrem Aussehen bedroht. Ja, stimmt, das Foto daneben sah furchtbar aus. Aber eigentlich stand da natürlich: vom Aussterben bedroht. Wobei das eine vielleicht das andere bedingt. Hoffentlich wird heute nicht Toter-Tier-Tag, kleine madenbesiedelte Pelztierchen am Wegesrand, das würde mir aufs Gemüt schlagen. Auch die erste Abzweigung zu einem Ort namens Hirnschlag ignoriere ich.

Wie immer am Anfang einer Wanderung achte ich auf jedes Detail. Durch den Regen tummeln sich enorm viele Schnecken auf dem Weg. Aber nicht diese braunen Nacktschnecken, denen man sonst überall begegnet, nein, diese hier sind besonders schön, haben große Häuser, weiß und hellbraun, genau in den Farben der Steine. Erst denkt man: Das sind aber große Kiesel auf dem Weg. Während man schon mit dem Fuß ausholt, um sie an den Wegesrand zu kicken, merkt man plötzlich, dass sich die Kiesel ganz langsam bewegen. Manchmal sind Tarnfarben doch nicht so nützlich. Ich achte darauf, keine zu zertreten. Mein Überleben in dieser Gegend ist gesichert. Bear Grylls würde die Viecher im Notfall einfach essen. Ich zähle die Mollusken am Wegesrand und komme auf durchschnittlich vier Exemplare pro Quadratmeter. Damit könnte man eine ganze Gebirgsjägerkompanie ernähren. Oder ich nehme sie mir einfach zum Vorbild, denn wie schon der japanische Dichter Kobayashi Issa sagt: »Ganz langsam krieche, / Schnecke, am Hang des Fuji / zum Gipfel hinan!«

Bäume gibt es in zwei Varianten: senkrecht, lebendig und vom Winde bewegt und abgeholzt und horizontal gestapelt. Noch nie habe ich so ordentliche Holzstapel gesehen. Die Scheite sind nicht nur akkurat gleich groß, sie sind auch noch millimetergenau aufgeschichtet und mit Planen abgedeckt. An einem Holzstapel ist ein gestanztes Schild mit Namen und Adresse des Besitzers angebracht. Es geht erst leicht bergan, die letzten Kilometer steiler, jetzt komme ich auch durch kleinere Schneefelder. Ich stehe auf der Almwiese vor der Wettersteinwand. An ihrem Fuß haben sich drei regelmäßig geformte Kegel aus Erosionsschutt gebildet und die Wand schaut erhaben und düster auf mich herab. Sie liegt im Schatten, deshalb kommt sie mir wohl so bedrohlich vor. Jedenfalls ist mir hier oben ganz allein ein bisschen mulmig, aber gleichzeitig finde ich es ganz schön, dass hier keiner außer mir rumstrolcht, auch die Almhütte hat noch geschlossen.

Von hier aus geht es weiter zum Schachenhaus, einem von König Ludwigs Traumrefugien, doch der Weg ist noch wegen eines Lawinenabgangs gesperrt. Also mache ich mich auf den Rückweg und komme an einigen Lehrpfaden vorbei. Das Baumholz wurde in Scheiben geschnitten, damit der Wanderer die Bäume besser erkennt. Obwohl ja der zu erkennende Baum meist aufrecht und in seiner Nadel- oder Laubpracht am Weg steht. Und da auch die örtlichen Verantwortlichen wissen, dass die Tiere des Waldes, außer den Schnecken, meist wegrennen, wenn sie den gemeinen Wanderer hören, haben sie einen Tierlehrpfad angelegt. Ob sie die Tiere anpflocken? Das wäre unbequem für die Tiere. Da sehe ich schon eine Löffelspitze aus dem Dickicht blitzen. Ein Hase! Er ist sehr still. Ganz einfach, sie haben ausgestopfte Tiere genommen, und so kommt auch der Wanderer, der kein pirschender Jäger und kein schleichender Indianer ist, in den Genuss, ein Tier im Walde zu erkennen. Und alle ausgemusterten Präparate landen dann an der Wand vom Gasthaus Gries. Wieder sind kleine Baumscheibchen am Rande des Weges befestigt. Sie geben dem Ahnungslosen Aufschluss über Art und Namen des Tieres.

15 Kilometer am Berg sind was anderes als 15 Kilometer Stadtpark oder Ostseedüne, das wird mir auf der nicht enden wollenden Steigung wieder schmerzlich bewusst. Es klingt banal, ist es aber nicht, wenn man Flachland und Mittelgebirge gewohnt ist. Theoretisch kenne ich den Unterschied zwischen Höhenmeter und Längenmeter. Und nach der Brockenbesteigung hatte ich ihn auch praktisch in den Beinen, aber: Man vergisst. Meine Beinmuskeln zittern, ich stolpere öfter, meine Gedanken kreisen. Ich wer-

de mich nur an das Schöne erinnern, ich werde mich nur an das Schöne erinnern. Ein anderer Gedanke drängt sich vor, an meinem Ausgangs- und Endpunkt am Ferchensee ist nämlich das nächste geöffnete Gasthaus, der Gedanke ist drei Schritt lang: Ein großes Helles, bitte! Ein großes Helles, bitte! Ich weiche auch nicht mehr vorsichtig den großen Schnecken aus, die ich hinwärts noch so bewundert habe. Ich würde es jetzt auch gar nicht mehr krachen hören, ich bin in einem Erschöpfungstunnel, alle Sinne inbegriffen.

Zum Glück komme ich noch rechtzeitig zum letzten Wanderbus, der an dem Tag fährt. Der Fahrer ist der gleiche wie auf der Hintour und er nickt mich nur müde durch, als ich in meinen Taschen nach dem Ticket suche.

Am nächsten Morgen läuft im Frühstücksraum meiner Pension das Alpenpanorama vom Bayerischen Rundfunk im Fernsehen. Panoramacams senden Livebilder, es läuft volkstümliche Musik, abwechselnd mit Zither und Tuba, dazu werden Wetterdaten eingeblendet. Es entsteht ein hypnotischer Sog, ähnlich wie früher im rbb (oder hieß er da noch SFB?) bei den S-Bahn-Fahrten, die in den Nachtstunden gesendet wurden. In der Fahrerkabine wurde eine Kamera installiert, die den Lokführerblick zeigte. Wenn ich nicht schlafen konnte, machte ich den Fernseher an und sah mir stundenlang den Schienenverlauf an.

Im BR ducken sich die Häuser vor den Kameras in die Almwiesen, als wollten sie sagen: He, so früh am Morgen ist es wahrlich nicht schicklich, ältere Damen gnadenlos abzufilmen. Die Gefrorene Wand im Hintertuxer Gletscher trägt ihren Namen allem Anschein nach zu Recht. Überm Peukenjoch ist heuer Nebel. Am Oberstdorfer Nebelhorn ist es – neblig. In Unterberghorn ist derzeit kein Bergbahnbetrieb, die einzelnen Sessel hängen still im Wind. Die Wirtin schenkt mir Kaffee nach und bemerkt meinen gebannten Blick auf die Wettercams. »Dös wird heit no was gebn!«, meint sie und kündigt so den nächsten Föhnsturm an.

Die Alpen sind ja sehr schön, aber diese spezielle Wetterlage hier eignet sich nicht gerade zum Wandern. In Sachsen regnet es wenigstens nur. Hier in den echten Bergen in Bayern ist es sogar richtig gefährlich. Kein Wunder, dass sich alle gegenseitig ständig »Grüß Gott!« sagen. Nachdem man das fünfzigmal am Tag erwidert hat, fällt es auch einem ungetauften Heiden leicht, an allen Jesuschristlein, die im Wald unter einem kleinen Dach an den Bäumen und Kreuzen hängen, irgendwas in der Art »und segne, was du uns bescheret hast« vor sich hin zu murmeln. Den himmlischen Beistand können wir hier alle gut gebrauchen. Am Vortag stand im *Garmisch-Partenkirchner Tagblatt*: »Blitz in Frau eingeschlagen«. Bei dem Gewitter hatte eine Frau unter einer Fichte Schutz gesucht, in ebendiese Fichte schlug der Blitz, sprang auf die Frau über und hinterließ Verbrennungen dritten Grades.

Wald und Berg sind keine guten Orte, um sich von einem Gewitter überraschen zu lassen. Aber was macht der Wanderer, der es nicht rechtzeitig nach Hause schafft? Dass man sich nicht gerade unter die höchsten Bäume stellen sollte, weiß ja jedes Kind. Auch Schutzhütten sind nicht optimal, wenn sie die höchsten Punkte im Gelände bilden. Generell ist es besser, sich im dichten Wald zwischen eine Baumgruppe zu hocken, als sich unter vereinzelt stehende Bäume zu begeben. Der Blitz sucht immer den kürzesten

Weg. Falls man noch einen trockenen Rucksack oder eine Isomatte dabeihat, soll man sich auf diese, Füße dicht beieinander, hocken. Das ist zwar alles physikalisch bestimmt ganz richtig, aber wenn ich diese gutgemeinten Tipps in den Outdoor-Magazinen lese, muss ich immer an die Lehrfilme aus dem Unterricht denken, in denen empfohlen wurde, seine Schultasche über den Kopf zu halten, wenn der Feind seine Atomraketen abgeschossen hat. Ich denke, man soll sein Schicksal nicht herausfordern und verordne mir im drohenden Föhn einen Ruhetag. So kann ich auch endlich die Senderprogrammierung meines Fernsehers erforschen. Mittels Suchlauf entdecke ich etwa 350 Fernsehkanäle.

Doch kaum ist das Unwetter vorübergezogen, ruft mich wieder der Berg. Ich gehe zunächst zum Dekan-Karl-Platz, das ist so eine Art zentraler Busbahnhof. Ich sitze auf der Bank und blättere durch die Zeitung und überlege, ob ich heute wieder den Wanderbus nehmen soll. Eine Gruppe grauer Panther (was ist eigentlich aus denen geworden?) steigt aus einem Reisebus aus, stellt sich im Halbkreis auf und singt so chormäßig ein Lied. Keine Ahnung, was es ist, aber es klingt sehr geübt. Ich weiß auch nicht genau, ob mich die zarten Melodien so beflügeln, dass ich nun schnellen Schrittes weiter in südlicher Richtung aus dem Ort herausgehe, oder ob mich die singenden Rentner vertrieben haben. Jedenfalls überquere ich jetzt die durch die Kalksteine helltürkisfarbene Isar, die laut sprudelt und rauscht, aber von den Geräuschen des Straßenverkehrs übertönt wird.

An diesem Pfingstwochenende sind alle unterwegs, vor allem Biker. Die Mountainbiker machen so gut wie kein

Geräusch, die Motorradfahrer umso mehr. Der Wanderweg führt durch blühende Almwiesen voller kleiner Hütten, in denen das Heu aufbewahrt wird. Manche Dächer sind mit Steinen beschwert. Ob die Dächer hier wohl sonst in den Stürmen wegfliegen? Alles muss hier durchs enge Tal: die Autobahn, die Stromversorgung mit großen Masten, die Menschenmassen. Trotzdem vermitteln die umsummten Wiesen und die von allen Seiten drängenden Berge Ruhe und Gelassenheit. Wie immer grüße ich jeden Wanderer, der mir entgegenkommt. Aber wer alleine den etwa 1400 Teilnehmern des Europa-Wandertages »Grüß Gott« entgegenschmettern muss, hat keine Puste mehr zum Gehen, himmlischer Schutz hin oder her. Ich beschränke mich auf ein Kopfnicken.

Langweilig, immer nur so flach geradeaus zu laufen. Da biegt der Weg in ziemlich düsteren Wald ein, es geht auf losem Kalkgestein bergan. Ab jetzt geht es überhaupt nur noch stramm bergauf, bis auf den kleinen Abstieg beim Durchqueren der Sulzleklamm. Ich klettere in eine Art Flussbett, in dessen Mitte ein kleiner Bach rauscht. An den Rändern wird die Erde mitsamt einiger Baumstämme talwärts gespült. Ich bin mir erst unsicher, ob hier wirklich der reguläre Wanderweg langgeht – was ist, wenn da mehr Wasser runterkommt, dann ist der Weg doch unpassierbar. Doch da am gegenüberliegenden Ufer ein Vater mit seinem Sohn auch in die Klamm klettert, denke ich, dass es wohl richtig sein muss.

Mein Ziel ist die Brunnsteinhütte, sie liegt auf 1560 Meter. Der Deutsche Alpenverein (DAV) klassifiziert dies als einfache Wanderung, auch für Kinder geeignet. Oben auf dem Berg, nach zahllosen Serpentinen, klassifiziere ich sie als Leistungsgrenze für mich. Da ich kurz vor der Hütte durch den Anstieg völlig groggy bin, merke ich gar nicht, dass ich schon geraume Zeit durch – ja, was ist das eigentlich, es sieht aus wie Pferdeäpfel – laufe. Ich werde erst aufmerksam, als ein Kind direkt hinter mir sagt: »Mama, Frau hat Aa am Schuh.« Tatsache, meine Schuhe starren vor hellbraunem Mist. Jetzt kann ich mir auch die Töne erklären, die mich schon einige Zeit irritierten. Es war der Lastesel der Wirtsfamilie, der offenbar nur unter lautem Protest sein Tagwerk verrichtet.

Allerdings ist die Aussicht von hier oben wirklich phantastisch. Um das Panorama besser genießen zu können, bestelle ich mir einen Teller Schinkennudeln, nachdem ich wieder genug Atem zum Sprechen habe. Der etwa 20-jährige Sohn der Hüttenwirtin sagt: »Bring i dir, wo hokscht?« Ich hocke mich zwischen die ganzen Ausflügler, die das schöne Wetter heute genutzt haben. Offenbar sind viele Münchner darunter. Wie die drei vom Nachbartisch. Sie erzählen, dass sie auf der Brunnsteinhütte übernachten und am nächsten Tag weiter auf den Gipfel steigen, noch etwa 600 Höhenmeter sind es bis zur Brunnsteinspitze. Dieser Weg wird vom DAV als schwierig eingestuft, ist also völlig außerhalb meines Universums. Allerdings habe ich den Eindruck, dass meine Nachbarn das Unternehmen nur starten, um in der nächsten Woche im Büro was zum Angeben zu haben.

Ich schaue auf die herrliche Aussicht. Mein sportlicher Ehrgeiz beschränkt sich im Moment darauf, meinen Puls wieder auf Normalniveau zu drücken. Nach dem Abstieg, bei dem ich aufpasse, dass ich trotz Erschöpfung nicht die Knie verdrehe und umknicke, versorge ich mich im örtlichen Supermarkt mit dem Nötigsten und entdecke Likör aus dem Benediktinerkloster Ettal. In fünf Probierfläschchen ist ein Teil der Produktionspalette abgefüllt. So was kauf ich immer. Aber nicht als Souvenir für meine wanderuninteressierten Freunde, sondern für mich. Über die kulinarischen und spirituellen Besonderheiten lernt man eine Region am besten kennen. Schmeckt nicht schlecht. Nur der Heidelbeerlikör ist ein bisschen fad, hat allerdings auch nur 16 Prozent. Die Fläschchen sind im Prinzip wie Medizin, schließlich hat selbst Klosterfrau Melissengeist mehr Volumenprozent. Doch Ettal hat das bessere Marketing: »Nur zwei Patres wissen, wie er gemacht wird. Millionen haben erfahren, wie gut er ihnen tut.«

Danach sitze ich auf dem Balkon meiner Pension und betrachte die Karwendelwand, die langsam in der Dämmerung versinkt. Liegt es an den fünf verschiedenen Klosterlikören, dass die Berghänge menschliche Züge bekommen? Die Kiefern bedecken die Berge und wirken wie löchrige Bärte, der verwitterte Felsen oberhalb wie alte Gesichter. Je weiter oben, desto kälter, desto weniger Vegetation, irgendwann dann gar nichts mehr, nur noch Steine und Geröll. Nur der Schnee zieht wie Creme von Tag zu Tag mehr in die Haut des Berges ein und sprengt ihn von innen. In den Furchen, Klammen genannt, sieht man die Verwitterung am besten. Loses Gestein und Schmelzwasser gehen ins Tal ab – in der Sulzleklamm habe ich das mit eigenen Augen gesehen.

Zum Abendessen gehe ich wieder hinunter, diesmal will ich ein neues Gasthaus ausprobieren, das Stammhaus der Brauerei Mittenwald. Die Einrichtung stammt aus den 70er Jahren, als Einordnung dafür dienen mir die Sanitärkacheln. Die rustikale Wirtsstubeneinrichtung ist relativ zeitlos. Das Ding ist riesig und in unterschiedliche Gasträume eingeteilt, der Tresen, von dem die Kellner die Getränke holen müssen, ist im ersten Stock über eine große Treppe erreichbar. Die Gesamtanlage ist eindeutig darauf ausgerichtet, Busladungen zu verköstigen und abzufüllen. Aber vielleicht hat der Wirt vergessen, seinen Obolus an die Busfahrer zu entrichten – jedenfalls ist im Inneren des Wirtshauses eine große Leere.

Am Nachbartisch mäkelt ein älteres Ehepaar lauthals: Es zieht, das Quartier ist zu klein, das Wetter zu schlecht, der Service zu langsam. Der Kellner brüllt mich mit »bitte!« an, er ist mit Sicherheit schwerhörig und nicht von hier. Ich bestelle Maischolle und Spargel mit Weißwein – natürlich ist es ein Frevel, in Bayern kein Bier zu bestellen. Der Kellner brüllt drei Tische weiter und überhört dabei die Rufe vom Nebentisch. Meine Nachbarn ziehen ganz um. Der Wein ist ziemlich schlecht, dafür aber schön kalt. Alte und junge Leute in Tracht gehen auf der Straße vorbei. Sie sehen schön und würdig aus im Gegensatz zu mir und allen anderen Urlaubern, die von Kopf bis Fuß in Funktionsklamotten stecken. Mein Teller kommt und ich entdecke, dass die ortsansässige Gastronomie sich für diese Saison auf die Vier-Stangen-Spargel-Regel geeinigt hat. Wahrscheinlich ist das aber kein Geiz, sondern eine Hommage an die Geige in dieser traditionsreichen Geigenbauermetropole: Hat sie nicht auch nur vier Saiten?

Ich campe ohne Zelt

Auf einer meiner Wanderungen habe ich an einem See einen Campingplatz entdeckt. Bei genauerem Hinsehen stelle ich fest, dass es ein Camping-Imperium ist. Ich beschließe spontan, meine Zelte im Gasthaus abzubrechen. Leider habe ich meine Ikea-Tüte zu Hause gelassen, aber vielleicht gibt es ja auch andere Möglichkeiten. An der Rezeption inspiziere ich alle aushängenden Karten und Flyer an der Wand und werde von einer mittelalten Frau im Dirndl – tragen die hier alle – misstrauisch beäugt. Als ich nach Übernachtungsmöglichkeiten ohne Zelt und Wohnmobil frage, wird sie sofort wahnsinnig freundlich. Es gibt Bungalows und Caravans zum Mieten im Angebot. Mit einem Schlüssel und einem Lageplan schickt die Dame mich in den Bereich AF 13.

Der ganze Platz ist terrassiert, so dass es außer den Hauptwegen auch noch Treppen gibt, die die einzelnen Ebenen für die Fußgänger miteinander verbinden. Nach einigem Hin- und Hergelaufe finde ich das Areal, die Rezeptionsdame hat mir auf der Karte ein Kreuzchen gemacht, und auch den richtigen Caravan. Ich schließe ihn auf und bin gleich hin und weg: Das Teil ist ein Raumwunder mit Wohn-, Ess-, Koch- und Schlafbereich. Nie wieder selbstaufblasende Isomatte, denke ich mir. Was für eine himmlische Art zu campen, ich muss auf nichts verzichten. Das ist outdoor ohne outdoor, also quasi indoor-outdoor. Ich gebe der Dirndldame meine Zusage für den Caravan, sie will mir noch jemanden vorbeischicken, der Gas und Wasser anschließt und mir die Gerätschaften erläutert, denn ohne Anleitung könnte ich wahrscheinlich nicht mal die Herdplatte anstellen. Da klopft es auch schon. Als ich öffne, sehe ich nur so etwas wie einen riesigen Puschel. »Griass di, i bin der Minz Schorsch, und wo kommscht du her?« Der Minz Schorsch trägt ein kariertes Hemd, einen grünen Hut mit dem größten Gamsbart, den ich je gesehen habe, kurze bestickte Lederhosen und zu seinen Haferlschuhen gestrickte Wadenstrümpfe bis unters Knie. Ich versuche, mir alle Hebel und Hähne zu merken, die man zur rechten Zeit an- und abdrehen muss, wenn man Wasser, Gas und Strom haben will.

Zufrieden schmeiße ich mich erst mal aufs Bett und schalte den Fernseher an. Nach ein paar Minuten klopft es wieder, ich denke, der Chef hat was vergessen, und öffne arglos die Tür. Es ist aber der Heinz aus Bottrop, der mich zum Grillen einladen will. Heinz ist mein Nachbar. Schon beim Einzug war mir dieser opulente Wohnwagen, eher ein Truck, aufgefallen, der ohne Räder auf einem Beton-sockel auf dem Nachbarfeld AF 14 steht. Nun ist es ein lauer Abend ohne Föhn und man hat mich zu Frieden und Völkerverständigung erzogen. Ich komme mit rüber.

Heidi, Heinzens Frau, hat eine große Schüssel Kartof-felsalat auf den Campingtisch unter dem Vorzelt gestellt und Heinz macht sich sofort daran, Steaks und Bratwürs-te auf die glühenden Kohlen des Grills zu werfen. Heidi macht mir ein Bier auf und sagt stolz: »Wir waren gestern in der Partnachklamm.« Ich möchte unsere neue Freund-schaft mit einem Kompliment beginnen und sage: »Alle Achtung, in eurem Alter.« Heidi schaut jetzt ziemlich pi-kiert. Auf den ersten Blick hatte ich die beiden für ein etwa siebzigjähriges Paar gehalten, sie sind ziemlich dünn und haben viele Falten in ihren dunkelbraunen Gesichtern.

Jetzt, wo ich Heidi direkt vor mir habe, sehe ich, dass die beiden wahrscheinlich fünfzehn Jahre jünger sind, als ich dachte. Bloß haben sie als energische Sonnenanbeter seit ihrer Jugend ihre Haut systematisch gegerbt. Ich schlürfe verlegen mein Bier und versuche die Scharte auszuwetzen. »Vor ein paar Tagen wollte ich zum Schachenhaus, das habe ich aber nicht geschafft. Ich bin ja nicht so gut trainiert wie ihr.« – »Ach, da waren wir schon ein Dutzend Mal«, Heidi macht mit geübtem Griff noch eine Flasche auf, die ich dankbar nehme. »Wenn man ein Ziel hat, hat man auch die Kraft«, sagt Heinz mit fester Stimme und setzt den Teller mit dem Grillfleisch mit Nachdruck auf den Tisch. Jetzt wird's richtig gemütlich, denke ich. Nach dem fünften Bier gelingt es mir, mich zu verabschieden und in meinen Caravan zu kriechen, in dem ich bis zum nächsten Morgen schlafe wie ein Baby.

Das Camping-Imperium liegt 7 Kilometer entfernt von dem nächsten Städtchen, aber es gibt natürlich einen kleinen Laden auf dem Gelände. Ich stehe früh auf und gehe Brötchen und eine Zeitung holen. Minz Schorsch steht schon in voller Montur hinter dem Tresen, nur seinen Hut hat er abgesetzt. Er hält gerade einen Schwatz mit dem Mann vor mir in der Schlange, aus dem hervorgeht, dass er seit 4 Uhr morgens in der Backstube selbst die Brötchen und Kuchen gebacken hat, mit denen sich die Camper gerade eindecken.

Bis zum späten Vormittag steht noch Nebel an den Felswänden, genug Zeit, um die Wanderkarten und die ganzen Drucksachen von der Rezeption zu wälzen. Vom Camping-Reich aus muss ich einige Zeit am Rand einer Straße entlang gehen, ehe ich auf den Wanderweg stoße, den ich heute ansteuern will. Nach dem Frühstück mache ich mich auf, und als ich den Eingang des Imperiums passiere, stehen da der Minz Schorsch und seine Frau wie bei einem Staatsempfang und nehmen einen Reisebus voller holländischer Touristen in Empfang, die das Imperium besichtigen wollen. Langsam wird er mir unheimlich. Er ist einfach überall und scheint fast gar nicht zu schlafen. Wahrscheinlich gibt es an seinem Jankerl hinten einen Knopf, den man drückt und da öffnet sich das Batteriefach wie beim Duracell-Hasen, und seine Frau setzt ihm dann einen neuen Satz Batterien ein, sollte er nach einem Jahr wirklich mal schlappmachen.

Hier an der Straße muss ich drauf achten, dass mich die neugierig die Berge anstarrenden Autofahrer nicht erwischen, also immer schön links gehen und ausweichen, wo es geht. Nach der Straße kommen Buckelwiesen, dann geht es in einen Wald. Die ersten Stunden im Wald sind immer etwas Besonderes – Bächlein, Wasserfälle, die Baumwipfel im Wind –, alles rauscht so schön beruhigend.

Aber Achtung, vor allem, wenn man mit Kindern unterwegs ist: Nicht jede glänzende braune Wurst am Wegesrand ist eine Nacktschnecke. Auch rund um die Schutzhütten befindet sich dies menschengemachte Übel: Die hohe Dichte an Taschentüchern verweist auf eine wahrhaft öffentliche Toilette. Dabei heißt es doch schon im 5. Buch Mose (23,13 f.): »Und du sollst draußen vor dem Lager einen Ort haben, dahin du zur Notdurft hinausgehst. Und sollst eine Schaufel haben, und wenn du dich draußen setzen willst, sollst du damit graben; und wenn du gesessen hast, sollst du zuscharren, was von dir gegangen ist.«

Weil auch die Outdoor-Anbieter bibelfest sind, haben sie

vorgesorgt: Es gibt zum Beispiel Edelstahlschaufeln »Ideal für kleine Grabungen aller Art« oder die Taschenschaufel aus Nylon, die »auch bei Kälte angenehm in der Hand« liegt. Und für Leute, die ihr Zeug nicht selber schleppen müssen, gibt es kleine Spaten aller Art, die man noch vielfältiger verwenden kann als zum Exkrementeverbuddeln. Die Schaufeln sind aber nur der Anfang, jeder gute Outdoor-Katalog hat sehr große Messer, Spaltkeile und Wurfäxte im Programm. Wahrscheinlich sollte einem nicht die Wildnis Angst machen. Zumal unsere Wildnis mit ihren gepflegten Wanderwegen als maximale Bedrohung mit Baumschlag und Zeckenbefall aufwarten kann. Gefährlicher ist wohl eher der brave steuerzahlende Mitbürger, der am Wochenende seine neue Wurfaxt irgendwo ausprobieren muss. Seine wochentags im Büro angestaute Wut verhält sich umgekehrt proportional zu seiner Treffsicherheit. Im Wald, da sind nicht mehr die Räuhäuber, da sind jetzt unsere Kollegen im Outdoor-Modus unterwegs.

Nach stundenlangem Gang über idyllische Weiden, durch Schluchten und Wälder komme ich an eine Almwirtschaft. Hier tragen nicht nur die Kühe Glocken um den Hals, sondern auch die Pferde, die auf den Hangwiesen grasen. »No, host du's alle vertriabn?«, fragt der Hintergrasegger Wirt, als er herauskommt und mir das Bier und den Teller Gulaschsuppe serviert. Die Suppe ist baugleich mit dem Inhalt der Konservendosen aus dem Lidl, die ich aus meinen Studententagen kenne. Insgeheim hatte ich mir natürlich ausgemalt, dass die uralte Mutter des Hintergraseggers in der Hütte am Herd steht, schon am Vortag die Gulaschsuppe aufsetzt, deren Geheimrezept sie noch von ihrer Großmutter bekommen hat, die einst aus

Österreich-Ungarn eingewandert und schon fünfzig Jahre tot ist.

Stattdessen löffle ich eine Suppe, die mit künstlichem Verdickungsmittel davon ablenkt, dass die Fleischstückchen zusammengepresste Wurstwürfel sind, die sich auch in jeder Mangelzeitsoljanka gut gemacht hätten. Heuer muss auch der Hinterfraßegger sehen, wo er bleibt. Vertrieben habe ich zumindest niemand. Schließlich sitze ich einfach ruhig auf der Holzbank mit meiner Dosensuppe und bewundere das herrliche Bergpanorama des Zugspitzmassivs. Der Hintergrasegger deutet darauf und murmelt: »No, geht's no aufi heit?« Aber natürlich sieht jeder, dass ich maximal meinen Rückweg schaffen würde und mitnichten noch in ein 2600 Meter hoch gelegenes Massiv klettern könnte. In Berlin wäre das alles zersetzender Zynismus, der einem müden Wanderer die letzte Lust rauben soll, hier ist es wahrscheinlich einfach Humor.

Der Hintergrasegger kommt noch mal heraus und beobachtet, wie ich mit seinem Border-Collie Apportieren spiele. Der Wirt blinzelt zum Massiv herüber und meint »Do wird's heit no wos gebn.«

Das scheint mir der Spruch der hiesigen Wirte an sich zu sein, man schaut irgendwie wissend in das Felsmassiv oder die sich türmenden Wolken und verunsichert die depperten Touristen dadurch, dass es »heit no wos gebn« wird. Dadurch bleiben sie schön in der Wirtsstube sitzen und trinken ihr Bier, und weil man auf einem Bein nicht stehen kann noch oans und dann, was soll's, noch oans, man hat ja Urlaub.

Bisher ist jedenfalls nichts weiter passiert, als dass die Sonne ein wenig weiter gewandert und der Nebel ein wenig gesunken ist. Aber was weiß ich Harzwanderer schon über das Wetter an so einem Bergmassiv – Föhnstürme, vom Blitz erschlagene Wanderer, die Einheimischen haben einen sechsten Sinn dafür. »Was trinkt man denn hier so«, frage ich den Hintergrasegger – und würge den Enzian herunter, den er mir bringt und der nach keiner mir bekannten Spirituose schmeckt. Hoffentlich schaffe ich den Abstieg, bevor es »etwas gibt«, ich möchte keine weitere Schlagzeile im *Garmisch-Partenkirchner Tagblatt* produzieren. Unterwegs komme ich an den bimmelnden Pferden vorbei. Ob sie eigentlich von dem dauernden Geläute einen Hörschaden bekommen?

Als ich nach langem Marsch wieder zu meinem Caravan zurückkomme, werde ich noch vor dem Zähneputzen zum Rapport bei Heinz und Heidi an den Grill geholt. Irgendwie bin ich gar nicht so traurig, dass morgen schon mein Abreisetag ist. Nur meinen neuen Freund, den komfortablen Caravan, verlasse ich mit etwas Wehmut.

Und was mache ich jetzt?

In der Zwischenzeit habe ich eine Kammer voller Outdoor-Ausrüstung in meiner Wohnung. Ich glaube, bei Messners sieht es auch nicht anders aus. Ich musste ein extra Bücherregal anschaffen, weil mir Freunde und Kollegen zu jeder sich bietenden Gelegenheit Wanderführer und -karten schenken: für Teneriffa, den Jakobsweg, die grünen Gärten Madeiras, die Pyrenäen, Mallorca und so weiter. Dort kann man auch ganz gut wandern, sagen sie, denn alle waren schon mal auf Mallorca. Ich war noch nie da. Ob ich da als Nächstes hin soll? Oder doch den Camino de Santiago? Aber dafür wäre ich Monate unterwegs. Und außerdem bin ich ungetauft. Darf man dann überhaupt rauf auf den Weg? Oder wird man, wenn man es geschafft hat, zwangsgetauft? Mein Rücken jedenfalls ist wieder in Ordnung, ich habe meinen Arbeitsplatz inzwischen arbeitsergonomisch angenehm gestaltet, indem ich auf einem Pezzi-Ball sitze, zwar unverantwortlich im Sinne des Arbeitsschutzes, aber angenehm zum Sitzen.

Inzwischen überlege ich aber auch, den Job komplett aufzugeben und mit dem ganzen Kram aus meiner Kammer einen Secondhandladen zu eröffnen, einen Namen habe ich auch schon: »Globetrottel«.

Danksagung

Ich danke Gott, dass er wirklich alle meine Gebete erhört hat, obwohl ich ein ungetauftes Heidenkind bin. Mein Fehler. Ich danke Mami für die richtigen Bücher, die sie mir zur richtigen Zeit geschenkt hat. Ich danke Susan, der Getauften, für ihren unerschütterlichen Glauben an mich. Ich danke meinen Freunden für alles. Ich danke Julia Eichhorn für den Beistand an der Judäischen Volksfront und ich danke Rebekka »Dr. G.« Göpfert für die großartige Betreuung. Ich danke dem Verlag, insbesondere Ulrike von Stenglin, für den Glauben an den Text und den Einsatz für das Buch.

Verwendete Literatur

Die Bibel (nach der Übersetzung Martin Luthers), Deutsche Bibelgesellschaft, Stuttgart 2006.

Stefan Dapprich: Trekking Ultraleicht. OutdoorHandbuch, Conrad Stein Verlag, Welver (ohne Jahr).

Michael Hodgson und Meeno Schrader: Wetter. Outdoor-Handbuch, Conrad Stein Verlag, Welver (ohne Jahr).

Bill Bryson: Picknick mit Bären. Goldmann Verlag, München 1999.

John Krakauer: In die Wildnis. Piper Verlag, München 2009.

Johann Gottfried Seume: Spaziergang nach Syrakus im Jahre 1802. Insel Verlag, Frankfurt am Main und Leipzig 2001.

Gary Snyder: Lektionen der Wildnis. Matthes & Seitz, Berlin 2011.

Robert Louis Stevenson: Travels with a Donkey in the Cévennes. Penguin, London 2004.

H. D. Thoreau: Walden. Diogenes Verlag, Zürich 1971.

Jürgen von der Wense: Wanderjahre. Matthes & Seitz, Berlin 2009.

PETER THEISEN
Liebe in Zeiten der Cola
VON BRAUTRAUB BIS ONLINE-DATING. EINE WELT-REISE ZU DEN VERRÜCKTESTEN LIEBESRITUALEN

Klappenbroschur
€ 14,99 [D], € 15,50 [A], sFr 20,90
ISBN: 978-3-86493-013-3

Cola schmeckt überall gleich.
Aber wie ist es mit der Liebe?

Ein umgelegtes Schafsfell in Georgien bedeutet den ersten Schritt Richtung Ehe. Wenn man in Indonesien auf die falsche Treppe tritt, erklärt man dem Brautpaar den Krieg. Und auf Hochzeiten in Sansibar berauschen sich die Frauen mit Muskatnuss – bis zur Hemmungslosigkeit … Peter Theisen taucht ein halbes Jahr lang ein in die verschiedenen Kulturen des Erdballs. Er will herausfinden, was Liebe und Zweisamkeit in den diversen Kontinenten ausmacht und ob die Globalisierung darauf Einfluss nimmt. Theisen nimmt an zahlreichen Hochzeiten und Feiern teil – und gerät in manch pikante Situation. Die so spannende wie witzige und informative Schilderung einer »Tour d'amour« um die Welt.

ullstein extra

Daniel Brühl
Ein Tag in Barcelona

192 Seiten. Klappenbroschur
ISBN 978-3-550-08832-2
www.ullstein-verlag.de

Daniel Brühls Liebeserklärung an seine Heimatstadt

Einen ganzen Tag wandert Daniel Brühl durch Barcelona: vom Tibidabo, Barcelonas Hausberg, durch sein Lieblingsviertel Gràcia bis ans Meer. Dabei begegnet er passionierten *petanca* – also Boule-Spielern und streitlustigen Gemüsehändlern, und erinnert sich an seinen knorzigen andalusischen Großvater, der Stierkampfreporter war. Eine Hommage an die coole, provinzielle, große, kleine, herrliche Stadt am Meer.

»Ein gradliniges, ganz unaufgeregtes und gutes Buch. Eine kleine Besonderheit.« *Die Zeit*